Daniel-Verlag
Retzower Str. 21
17279 Lychen
www.daniel-verlag.de
1. Auflage 2006
2. Auflage 2011
3., überarbeitete Auflage 2019

Satz, Layout & Umschlag: Sonja Faschinger
Übersetzung: Günter Heger, Siegburg
Druck & Bindung: ArkaDruk, Polen

ISBN 978-3-945515-39-6

R. Larry Moyer

DIE ERSTEN 31 Tage IM LEBEN eines Christen

Daniel

In Erinnerung an Bill Rodenberg,
einen von EvanTell's bestätigten Lehrern
von You Can Tell It!
Die verzehrende Leidenschaft seines Lebens
bestand darin, verlorene Menschen
zu Christus zu führen.

INHALT

VORWORT – WARTE DOCH MAL KURZ!

(Nicht gleich loslegen – erst lesen!)

Gratuliere! Nun bist du Christ geworden und hast ein erstklassiges Leben angefangen.

Warum? Etwa weil es nun keine Probleme, Herzschmerzen oder Leiden mehr geben wird? Nein, davon wird es jede Menge geben.

Was den Christen erstklassig leben lässt, sind zwei Dinge:

Zum einen weißt du: Wenn du stirbst, bist du in der Gegenwart des Königs der Könige, Jesus Christus – und zwar für immer. Nichts kann daran etwas ändern. Johannes 5,24 verspricht uns: „Wahrlich, wahrlich, ich sage euch: Wer mein Wort hört und glaubt dem, der mich gesandt hat, hat ewiges Leben und kommt nicht ins Gericht, sondern ist aus dem Tode in das Leben übergegangen.“ Dein ewiges Leben ist garantiert, weil du das angenommen hast, was Jesus Christus für dich am Kreuz getan hat. Er starb stellvertretend für dich und ist von den Toten auferstanden. Wenn du an Christus glaubst, hast du ewiges Leben – und das nicht aufgrund dessen, was du für Ihn getan hast, sondern aufgrund dessen, was Christus für dich getan hat.
Zweitens bist du gerade dem begegnet, der dein bester und liebster Freund sein will. Jesus Christus ist nicht nur bei dir, Er lebt auch in dir. Der Apostel Paulus, einer der Männer, die Gott dazu gebraucht hat, die Bibel zu schreiben, redet davon, dass Christus in ihm lebt: „Ich bin mit Christus

gekreuzigt; und nicht mehr lebe ich, sondern Christus lebt in mir; was ich aber jetzt lebe im Fleisch, lebe ich durch Glauben, durch den an den Sohn Gottes, der mich geliebt und sich selbst für mich hingegeben hat“ (Galater 2,20). Er ist dein Freund und will dir bei allem helfen, was im Leben auf dich zukommt – ausnahmslos. Deshalb wirst du dir auch immer mehr wünschen, Ihn immer besser kennen zu lernen.

Und genau dabei will ich dir helfen. Ich möchte dir helfen, Ihn immer besser kennen zu lernen. Diese Andachten nenne ich: „31 Tage – das Leben eines Jungbekehrten“, weil sie 31 Wahrheiten enthalten, von denen ich gewünscht hätte, sie wären mir gesagt worden, als ich zum ersten Mal zu Christus gekommen war. Dann hätte ich nicht nur große Hilfe dabei gehabt, mit meinem neuen Leben in Christus klar zu kommen; ich wäre dann auch schneller darin gewachsen. Wir werden über alles sprechen: von der Versuchung, etwas Verkehrtes zu tun, bis hin zu unseren Kämpfen, wenn wir das Richtige tun. Wir werden über Dinge reden, die mit deiner Familie zu Hause und mit deiner Familie in der Gemeinde zu tun haben. Du wirst entdecken, wie spannend es ist, wenn man Ihn kennt, und wie spannend es ist, Tag für Tag mit Ihm zu gehen.

Fertig? Du stehst kurz davor, vom Buffet des Wortes Gottes zu essen und Wahrheiten zu verdauen, die dich zu einem geistlich starken Christen machen.

Dein Bruder in der ewigen Familie Gottes
R. Larry Moyer

1

IN DEINEM NEUEN LEBEN GEHT ES UM EINE BEZIEHUNG – NICHT UM RELIGION

*Kommt her zu mir, alle ihr Mühseligen und Beladenen,
und ich werde euch Ruhe geben. Nehmt auf euch mein Joch
und lernt von mir, denn ich bin sanftmütig und von Herzen demütig,
und ihr werdet Ruhe finden für eure Seelen; denn mein Joch ist sanft,
und meine Last ist leicht.*

MATTHÄUS 11,28–30

Bei mir kam die Religion immer zu kurz. Manchmal fand ich sie auch verwirrend und frustrierend. Ich hatte das Gefühl, niemals so gut zu sein, dass Gott mich annehmen könnte; und ich war mir nie sicher, wie gut ich eigentlich sein musste, um gut genug zu sein. Dabei hatte ich keine Ahnung von dem riesigen Unterschied zwischen Religion und Christus.

In den obigen Versen lädt Jesus alle „Mühseligen und Beladenen" ein, zu Ihm zu kommen. Die beiden wichtigsten religiösen Parteien zur Zeit Jesu bürdeten den Leuten jede Menge Regeln auf, die man befolgen musste, um von Gott angenommen zu werden. Die religiösen Führer bestanden

auf der Einhaltung endloser Listen von „Tu das!“ und „Tu das nicht!“ Eine dieser Vorschriften legte sogar bestimmte Tage fest, an denen man nicht einmal seinen Esel peitschen durfte. Du kannst dir denken, wie verwirrend, ermüdend und frustrierend diese Regeln waren.
Christus hat sich ganz und gar dafür eingesetzt, dass wir verstehen, wie anders seine Anweisungen sind. Das Wort *Joch* bezieht sich auf ein Holzgestell, das auf die Schultern gelegt wurde, um Lasten leichter tragen zu können. In den obigen Versen bezieht sich *Joch* auf die Anweisungen, die Christus gibt, wie man Gott wohlgefällig leben kann. Warum ist sein Joch so ganz anders?

Erstens bist du durch deinen persönlichen Glauben an Christus errettet worden, und deshalb lebst du auch nicht für Ihn, um dadurch von Gott angenommen zu werden. Du lebst für Ihn, weil du bereits angenommen bist.

Zweitens lebst du für jemanden, der „sanftmütig und von Herzen demütig“ ist – bescheiden also, nicht von oben herab. So jemandem kann man doch leicht nachfolgen.

Drittens: Während Er dich lehrt, wie du leben sollst, ist Er auch einfach da, um dir Kraft zu geben. Deshalb rief Er auch aus: „Mein Joch ist sanft, und meine Last ist leicht.“

Und wenn du mal was verkehrt machst, dann ist Er mitfühlend und verständnisvoll; Er vergibt dir und hilft dir, das nächste Mal stärker zu sein. Leben für Ihn ist keine Pflicht, sondern wird zur Freude, denn das Leben für Ihn ist an einer Beziehung ausgerichtet, nicht an Regeln. Religion kann niederdrückend sein; die Beziehung zu Christus bedeutet Erleichterung.

Zur Illustration: Ein Buch mit dem Titel *Mushrooms on the Moor* (Pilze auf dem Moor) enthält die Geschichte von einem Gläubigen, der wusste, dass im Mittelpunkt des Lebens als Christ eine Beziehung mit dem stand, der für ihn gestorben war. Schließlich wurde dieser Christ krank und war ans Bett gebunden. Da legte man ihm ein Dokument zur Unterschrift vor. Er nahm einen Stift, hielt ihn eine lange Weile, unterschrieb das Dokument und sank dann wieder in seine Kissen zurück, tot. Man konnte deutlich bemerken, wie dankbar er für seinen Heiland war und wie sehr er es als Vorrecht empfand, für Ihn zu leben. Das Schriftstück hatte dieser Christ nicht mit seinem eigenen Namen unterschrieben, sondern mit dem Namen *Jesus*, den er bald von Angesicht zu Angesicht sehen würde.

Zum Nachdenken: Religion dreht sich um die Regeln, die du befolgen musst, um für Gott annehmbar zu sein. Im Leben als Christ geht es um eine Beziehung mit Gott, eine Beziehung, die erst möglich wurde, weil Er dich – durch Christus – schon angenommen hat.

Zum Beten: Nimm dir einen Augenblick Zeit, um Gott dafür zu preisen, dass Er dich in eine ewige Beziehung zu deinem Heiland gebracht hat. Sage Ihm Dank dafür, dass du nun froh und dankbar für Ihn leben kannst.

2

BETEN! – BETEN! – BETEN! – UND NOCHMAL BETEN!

Betet unablässig.

1. THESSALONICHER 5,17

Überleg mal, was du bis jetzt über Jesus Christus gelernt hast. Wenn du drei Jahre mit Ihm zusammen gewesen wärest wie seine zwölf Jünger, was hättest du dann von Ihm lernen wollen?

Weißt du denn, worum sie Ihn baten? Sie sagten: „Herr, lehre uns beten" (Lukas 11,1). Sie waren offenbar voll davon angetan, dass Er jemand war, der sich ganz dem Gebet hingegeben hatte.

Wir wollen ja in seine Fußstapfen treten und Christus immer ähnlicher werden; dann müssen auch wir beten. Je mehr wir beten, umso mehr werden wir auch völlig abhängig vom Herrn. In seinen Schlussworten im 1. Brief an die Thessalonicher redet der Apostel Paulus von vielen, für ihr geistliches Wohlbefinden ganz lebenswichtigen Dingen. Darin schließt er alles Mögliche ein – Böses nicht mit Bösem zu vergelten oder immer ein dankbares Herz zu haben. In der Mitte dieser Anweisung stehen zwei Wörter mit machtvoller Bedeutung: „Betet unablässig!"

Heißt das, dass man *nie* mit dem Beten aufhören soll? In gewissem Sinn nein – in anderer Hinsicht ja. Niemand ist dazu in der Lage, 24 Stunden am Tag mit Gott zu reden. Aber Paulus geht es darum, dass eine Gebetshaltung zu den Dingen gehört, die ganz konsequent unser Leben kennzeichnen sollten. Es sollte keinen Tag geben, an dem wir nicht beten, und an manchen Tagen sollte es so sein, dass wir sogar ganz häufig beten. Mit der Zeit wird Beten so natürlich wie Atmen. Oder, wie es jemand einmal ausgedrückt hat: „Das Gebet sollte so von deinen Lippen strömen wie Wasser aus einem tropfenden Hahn."

Bete beim Aufstehen und bete auch eine Stunde nach dem Aufstehen. Bete auf dem Weg zur Arbeit und bete auf dem Heimweg.

Und was, wenn keine Zeit zum Beten da ist? Beim Beten geht's nicht darum, Zeit zu haben, sondern sich Zeit zu nehmen – zu wissen, wie wichtig Beten ist. Und was, wenn man nicht weiß, wie man sagen soll, was man fühlt? Mach dir darüber keine Sorgen. Rede einfach so mit Gott, wie du mit einem Freund reden würdest.

Zur Illustration: Vor Jahren hatte ich das Vorrecht, eine Frau zu Christus zu führen. Sie war erst kurz vorher geschieden worden und war Mutter eines Kleinkindes. Als wir dann über geistliches Wachstum sprachen, wies ich darauf hin, wie wichtig das Beten ist. Da meinte sie: „Ich weiß nicht, wie Beten geht." Ich sagte nur: „Reden Sie doch einfach mit Gott, wie Sie mit einem Freund reden würden. Warum fangen wir nicht jetzt gleich an? Legen Sie einfach los." Und so neigte sie den Kopf und fing an: „Lieber Gott, hier ist Clara. Nun ist es ja schon eine Weile her, dass du von mir gehört hast. Aber in den kommenden Wochen werden wir bestimmt noch viel öfter miteinander sprechen." Niemals habe ich ein aussagekräftigeres oder aufrichtigeres Gebet gehört. Beten wurde zur Regelmäßigkeit in ihrem Tagesablauf; und das führte bei ihr zu geistlichem Wachstum.

Zum Nachdenken: Wer dich gerettet hat, sollte doch wohl am meisten von dir hören; und mit Ihm reden heißt mit dem zu reden, der dir am nächsten ist.

Zum Beten: Bitte Gott, dass Er das Gebet zu einem der herausragendsten Merkmale deines Lebens als Christ macht. Bitte Ihn, dass Er dir ein Verlangen zu beten gibt und dich im Gebet immer beständiger macht.

3

REDE MIT GOTT NICHT NUR ÜBER EINIGE DINGE. SPRICH MIT IHM ÜBER ALLES!

Seid um nichts besorgt, sondern in allem lasst durch Gebet und Flehen mit Danksagung eure Anliegen vor Gott kundwerden; und der Friede Gottes, der allen Verstand übersteigt, wird eure Herzen und euren Sinn bewahren in Christus Jesus.

PHILIPPER 4,6

Nicht mit jedem kann man ja so leicht reden. Manche haben es immer eilig; und egal, was du zu ihnen sagst, du solltest es immer möglichst schnell sagen. Und manchmal ist das, was du gern sagen würdest, so privat, dass es schwierig ist, überhaupt darüber zu sprechen.

Aber das ist gerade das Aufregende bei deinem neu gefundenen Freund, Jesus Christus. Er möchte gern etwas von dir hören; und alles, was für dich wichtig ist, ist für Ihn noch wichtiger. Worüber solltest du dir laut den eben gelesenen Versen Sorgen machen? Die Antwort lautet: *Über gar nichts*! Was ist denn die Alternative? Der Apostel Paulus erklärte den Philippern: „... sondern in allem lasst durch Gebet und Flehen mit Danksagung eure Anliegen vor Gott kundwerden." Das Wort *Gebet* bezieht sich auf eine Haltung der völligen Abhängigkeit von Ihm. Das Wort *Flehen* nimmt Bezug auf deine einzelnen Bitten. Diese Bitten mögen geistliche Bedürfnisse betreffen wie etwa die Wichtigkeit, anderen vergeben zu können; aber auch natürliche Bedürfnisse wie gesundheitliche oder finanzielle Nöte.

Beachte aber auch jenes andere wichtige Wort – *alles*. Wenn Gott etwas sagt, dann meint Er es auch. Er sagt *alles*, weil Er auch *alles* meint. Bist du bedrückt wegen eines Verwandten, der Krebs hat und im Sterben liegt? Sprich mit Gott darüber. Macht es dir zu schaffen, dass du schon mal ungeduldig bist? Sprich mit Ihm darüber. Hast du Angst, dass dein Einkommen nicht reicht, um diesen Monat unerwartete Rechnungen zu bezahlen? Bring es Ihm im Gebet.

Und was passiert, wenn du das wirklich tust? Paulus sagt dazu: „Und der Friede Gottes, der allen Verstand übersteigt, wird eure Herzen und euren Sinn bewahren in Christus Jesus." Das Wort für *bewahren* ist eigentlich ein Militärbegriff, der das Bild eines römischen Soldaten vermittelt, der vor einem Palast Wache steht und alle beschützt, die im Palast sind. Gott sagt dir also, dass, wenn du Ihm deine Sorgen im Gebet bringst und sie auch bei Ihm lässt, ein unbeschreiblicher Friede dein Herz und deinen Sinn bewahren wird. Er wird dich bewahren vor einem Panikausbruch, vor Angst oder gar einem seelischen Zusammenbruch.

Zur Illustration: Tom, ein Christ, saß an seiner Studienarbeit und machte sich über vieles Sorgen. Zweifellos dachte er mit Sorgen an dasselbe wie wir – Finanzen, Gesundheit, die Zukunft, Beziehungen. Plötzlich kam es Tom vor, als stünde der Herr direkt vor ihm und würde sagen: „Junge, geh du ins Bett. Ich setze mich an deiner Stelle die ganze Nacht über hierhin." Tom wurde nun bewusst, dass er seine ganze Last Gott übergeben musste. Also gab Tom seine Sorgen an Gott ab und ließ sie auch da; und in dieser Nacht konnte er sehr gut schlafen.

Zum Nachdenken: Ein Trost des Christseins liegt darin, dass wir uns nur noch um das Sorgen machen müssen, was Gott nicht regeln kann!

Zum Beten: Denke einmal an die drei Dinge, die dir zur Zeit am meisten Angst machen. Rede jetzt gleich mit Gott über diese drei Dinge. Und jedes Mal, wenn sie wieder in deinen Gedanken hochkommen, denke daran, sie auf seine Schultern zu legen, und nicht auf deine.

4

DU KANNST ZWAR DEINEN FREUNDEN CHRISTUS BRINGEN, ABER ZU CHRISTUS MUSS GOTT DEINE FREUNDE BRINGEN

Niemand kann zu mir kommen, es sei denn, dass der Vater, der mich gesandt hat, ihn ziehe; und ich werde ihn auferwecken am letzten Tage.

JOHANNES 6,44

Nachdem du nun Christ geworden bist, willst du Ihn wahrscheinlich der ganzen Welt vorstellen, und besonders denen, die dir am allernächsten stehen. Aber mit anderen über Christus zu reden, ob nun Freunde oder Fremde, kann frustrierend sein. Vielleicht haben sie überhaupt nicht das Empfinden, Christus zu brauchen, so wie du es hattest. Es gibt Zeiten, wo du wahrscheinlich die Hände über dem Kopf zusammenschlägst und sagst: „Wie kann ich diese Leute nur erreichen?" Pass auf, dass du nicht Gottes Verantwortung auf dich nimmst. Natürlich will Gott, dass du anderen Christus bringst – irgendwem, irgendwo. Aber Gott bringt oder „zieht" sie zu Christus. Die Worte Christi lassen keine Ausnahme zu: „*Niemand* kann zu mir kommen, *es sei denn*, dass der Vater, der mich gesandt hat, ihn *ziehe*." Denk doch nur an deine eigene Bekehrung. Vielleicht warst du ja in geistlicher Hinsicht rebellisch, oder vielleicht warst du auch religiös und hast nicht begriffen, dass das ewige Leben kostenlos ist. Das spielt keine Rolle. Du hättest jedenfalls nie gemerkt, dass du Christus brauchst, wenn Er nicht durch den Heiligen Geist angefangen hätte, in deinem Leben zu wirken. Der Heilige Geist kann durchaus einen Freund benutzt haben, eine Predigt, eine Schrift, ein Buch oder nur die ruhigen Momente, als du gerade mal über das Leben – oder speziell über *dein* Leben – nachgedacht hast. Aber *Gott* brachte dich zu Christus. Andere konnten nur Christus zu dir bringen.

Dasselbe gilt auch für die, von denen du gern möchtest, dass sie Ihn kennen lernen. Bitte doch Gott um eine Gelegenheit, ihnen das Evangelium klar zu sagen. Und dann bitte Gott im Gebet, ihnen ihre Not deutlich zu machen und sie zum Heiland zu führen.

Zur Illustration: 1998 predigte ich gerade in Sequim, Washington. Da kam ein 68-jähriger Mann auf mich zu und sagte: „Ich danke Ihnen, dass Sie zu meiner Errettung beigetragen haben." Weiter erklärte er: „1980 predigten Sie in einer Kirche in Ohio. Ich kam jeden Abend; aber Ihrer Einladung, Christus zu glauben, kam ich nicht nach. Meine Errettung lag Ihnen so sehr auf der Seele, dass Sie sogar auf dem Weg zum Flughafen an meinem Haus Halt machten, um mit mir noch etwas tiefer ins Gespräch zu kommen. Ich blieb immer noch stur. Was Sie aber nie erfahren haben: Noch bevor Sie am Flughafen ankamen, glaubte ich schon an Christus.“ Auch wenn ich mich noch so sehr darum bemühte – Gott musste diesen Mann zu Christus bringen. Ich konnte nur Christus zu ihm bringen.

Zum Nachdenken: Wenn es darum geht, andere für Christus zu gewinnen, kannst du sie nur belehren, aber Gott muss sie bekehren.

Zum Beten: Denke an einen Menschen, von dem du gern hättest, dass er zu Christus kommt. Bitte Gott um eine Gelegenheit, noch diese Woche mit diesem Menschen zu sprechen. Wenn dieser Termin zustande kommt, dann bitte Gott, diesem Menschen dabei zu helfen, zu verstehen und anzuerkennen, dass er oder sie den Heiland braucht.

5

LASS JESUS CHRISTUS IN DEINEM LEBEN AN ERSTER STELLE STEHEN!

… nach meiner sehnlichen Erwartung und Hoffnung, dass ich in nichts werde zuschanden werden, sondern mit aller Freimütigkeit, wie allezeit, so auch jetzt Christus erhoben werden wird an meinem Leib, sei es durch Leben oder durch Tod. Denn das Leben ist für mich Christus, und das Sterben Gewinn.

PHILIPPER 1,20.21

Was stand denn ganz oben in deinem Leben, bevor du gläubig wurdest? War's die Familie, Freunde, Geld, der gute Ruf, Anerkennung, Erfolg, der Job, das Haus, das Motorrad oder das Auto? Das sind alles schöne Sachen, wenn sie an der richtigen Stelle stehen; aber jetzt hat dir Gott etwas Größeres und Besseres gegeben, woran sich dein Blick ausrichten kann.

Der Apostel Paulus erklärte: „Denn das Leben ist für mich Christus, und das Sterben Gewinn." Paulus beschloss, dass in seinem Leben eine Person im Mittelpunkt stehen sollte – Jesus Christus. Alles, was Paulus sagte, und alles, was er tat, wurde geprüft anhand der Beziehung zum Heiland – der Person, der er am meisten gefallen wollte. *Nichts* und *niemand* hatte größeren Einfluss im Leben von Paulus als Christus.

Und was machte das so lohnenswert? Als Paulus starb, gab es für ihn nichts zu bedauern. Er hatte ja Gottes Geschenk des ewigen Lebens empfangen, und so würde er auch für immer in der Gegenwart Christi sein. Dann würde er sogar noch mehr von Christus haben als je zuvor auf der Erde. Im Augenblick seines Todes würde jeder Verlust, den Paulus erleiden würde, nur das betreffen, was in seinem Leben nicht an erster Stelle stand.

Betrachte doch die Einstellung von Paulus auch mal von dieser Seite. Wenn wir einmal diesen Gedanken zu Ende führen: „Denn das Leben ist für mich ____." Und wenn hier etwas anderes steht als Christus, dann werden wir letztendlich Verlust haben, und keinen Gewinn. Wenn wir z. B. sagen: „Das Leben ist für mich Geld", dann ist das Sterben für uns Verlust, weil wir das Geld ja nicht mitnehmen können. Wenn wir z. B. sagen: „Das Leben ist für mich mein Status bei der Arbeit", dann ist das Sterben Verlust, weil wir ja unsere Arbeit hier zurücklassen. Wenn wir sagen: „Das Leben sind für mich die Freunde", dann wird das Sterben Verlust sein, weil die Freunde ja hier auf der Erde bleiben, wenn wir in den Himmel gehen. Nur wenn wir für Christus leben und Ihm in unserem Leben den ersten Platz lassen, wird der Tod zum Gewinn statt zum Verlust. Und beim Eintritt in den Himmel werden wir von dieser Person noch mehr haben, die schon auf der Erde für uns erste Priorität hatte.

Zur Illustration: Der anglikanische Kriegsheld Herbert Cragg erhielt einmal einen Brief von einem sehr reifen Christen. Das PS zu diesem Brief hatte eine riesige Wirkung auf sein Leben: „Vielen Leuten bedeutet Jesus überhaupt nichts. Manchen bedeutet Er immerhin etwas. Aber allzu wenigen Menschen bedeutet Jesus wirklich alles." Mache nicht Christus zum *Etwas*, sondern zum *Alles* in deinem Leben. Behalte Ihn auf dem ersten Platz.

Zum Nachdenken: Im Blick auf das, was ewigen Wert hat, denke immer daran, dass Jesus Christus wohl den Platz von irgendetwas einnehmen kann, aber nichts kann den Platz von Christus einnehmen.

Zum Beten: Bitte Gott einmal in der Woche, dir dabei zu helfen, deine Prioritäten zu prüfen. Bitte Ihn, dir dabei zu helfen, Christus auf dem ersten Platz zu behalten – über jedem Menschen und allen Dingen in deinem Leben.

6

RICHTIGE PRIORITÄTEN SIND WESENTLICH FÜR GEISTLICHES WACHSTUM

Wenn ihr nun mit dem Christus auferweckt worden seid, so sucht, was droben ist, wo der Christus ist, sitzend zur Rechten Gottes. Sinnt auf das, was droben ist, nicht auf das, was auf der Erde ist.

KOLOSSER 3,1.2

Früher oder später muss jeder Prioritäten setzen. Dabei macht es nichts aus, ob man einen Haushalt mit vier Personen führt oder ein Unternehmen mit 400 leitet. Prioritäten zu setzen ist auch für dein Wachstum als Christ wichtig. Jetzt, wo du zu Christus gehörst, ist dieselbe Macht, die Christus aus dem Grab auferweckt hat, auch für dich da. Du bist „mit dem Christus auferweckt worden". Wie wir schon gestern herausgearbeitet haben, muss Jesus Christus die allererste Priorität haben. Und wenn Er bei dir den ersten Platz einnimmt, wo bleibt dann alles andere?

Weil Jesus Christus in all seiner Auferstehungskraft nun in dir lebt, bist du auch in der Lage, auf einer höheren Ebene zu leben. Du hast eine persönliche Beziehung zu dem, der zur Rechten Gottes sitzt. Deine neue Stellung und Beziehung ermöglichen dir, auf eine Weise zu leben, die vorher gar nicht möglich war. Und was heißt „auf einer höheren Ebene leben"? Die Antwort findest du in zwei fast identischen Formulierungen. Die Schrift sagt: „Sucht, was droben ist", und: „Sinnt auf das, was droben ist." Das, was Christus am meisten interessiert, sollte auch dich am meisten interessieren. Das Ewige ist wichtiger als das Zeitliche. Geistliche Dinge sind wichtiger als materielle Dinge. Was zum himmlischen Bereich gehört, ist wichtiger als was zum irdischen Bereich gehört.

Heißt das etwa, wir sollten unsere Familie vernachlässigen oder mit unserem Job unverantwortlich umgehen? Ganz sicher nicht. Das bedeutet auch nicht, dass wir etwa keine Freude an der Behaglichkeit eines neuen Zuhause oder an einer Fahrt im neuen Auto haben könnten. Gott möchte, dass wir diese Annehmlichkeiten schätzen und genießen. Die Frage ist nur, worauf wir den größten Wert legen und was für uns das Wichtigste ist. Gottesfürchtig zu sein ist wichtiger als populär zu sein. Mit einem Nachbarn Kontakt aufzunehmen, der gerade unsere Freundschaft braucht, ist wichtiger, als ein bestimmtes Fernsehprogramm nicht zu verpassen. Das Studium der Schrift ist entscheidender als das Studium der Börsenkurse. Im Gebet mit Gott zu reden ist wichtiger, als Zeit am Telefon zu verbringen.

Was bei Christus auf der Prioritätenliste ganz oben steht, sollte auch bei uns ganz oben stehen. Was auf seiner Liste unten steht, sollte auch auf unserer unten stehen. Wachsen als Christ bringt auch mit sich, das, was wir denken oder tun, nach Wichtigkeit zu ordnen.

Zur Illustration: Auf dem Höhepunkt ihres musikalischen Ruhmes ging die berühmte schwedische Opernsängerin Jenny Lind 1851 nach New York City. Bei einem Gottesdienstbesuch wurde ihr Christus vorgestellt, und sie nahm Ihn im Glauben als ihren Heiland an. Sehr zum Verdruss ihrer Fans wurde für sie die Opernbühne immer unwichtiger, da sie nun himmlische Ziele verfolgte. Als sie später gefragt wurde, warum sie schließlich die Oper ganz aufgab, antwortete sie: „Mit jedem Tag, der verging, ließ mich das Showgeschäft immer weniger an meine Bibel und fast gar nicht mehr an das denken, was nach diesem Leben kommt. Was hätte ich also sonst tun können?"

Zum Nachdenken: Wenn wir also die Prioritäten richtig setzen, dann müssen die himmlischen Dinge auf unserer Liste immer höher rutschen. Die irdischen Dinge sollten dagegen immer tiefer rutschen.

Zum Beten: Prüfe sorgfältig, was in deinem Leben das Wichtigste ist. Wenn irgendetwas nicht die richtige Priorität hat, dann bitte Gott, dir dabei zu helfen, der Sache den angemessenen Rang einzuräumen. Dann bitte Ihn, dir Woche für Woche dabei zu helfen, die richtig gesetzten Prioritäten auch beizubehalten.

7

DIE ERRETTUNG IST DIE GABE, DIE DU NIE WIEDER VERLIEREN KANNST!

Und ich gebe ihnen ewiges Leben, und sie gehen nicht verloren in Ewigkeit, und niemand wird sie aus meiner Hand rauben. Mein Vater, der sie mir gegeben hat, ist größer als alles, und niemand kann sie aus der Hand meines Vaters rauben.

JOHANNES 10,28.29

Zwei Dinge fand ich sehr aufregend, als ich zuerst zu Christus kam. Und diese beiden Dinge finde ich heute immer noch spannend. Das eine ist, dass ich völlig ohne Gegenleistung die Gabe des ewigen Lebens empfangen habe. Das andere ist, dass ich diese Gabe *nie* wieder verlieren kann.

Wirklich – nie mehr. Im Johannesevangelium nennt Jesus die Christen seine Schafe. In der denkbar kräftigsten Sprache sagt er: „Und ich gebe ihnen ewiges Leben, und sie gehen nicht verloren *in Ewigkeit*, und niemand wird sie aus meiner Hand rauben." Christus benutzte das ungewöhnliche Wort *rauben*, weil Er dabei das Bild von einem Wolf malte, der ein Schaf von der Herde wegreißt. Er wollte deutlich machen, dass nichts, was wir tun, und auch nichts, was unser Feind, der Satan, tut, uns jemals von Ihm wegreißen kann.

Wie ist denn das möglich? Weil wir nur mit einer Kraft von Christus weggerissen werden könnten, die größer wäre als Gott selbst. Jesus sagt weiter: „Mein Vater, der sie mir gegeben hat, ist größer als alles, und niemand kann sie aus der Hand meines Vaters rauben." Wir gehören für immer zur Familie Gottes – und zwar nicht, weil wir als Schafe so stark wären, sondern aufgrund dessen, wer der Hirte ist. Unser himmlischer Vater ist allmächtig und bewahrt uns auf ewig sicher in Christus.

Als Christen können wir durchaus straucheln oder in Sünde fallen. Gott möchte, dass wir Ihm diese Sünde bekennen. Aber niemals würde Er sein Gnadengeschenk zurückziehen. Satan wird uns auf vielfältige Weise angreifen. Er mag sogar versuchen, uns zum Ungehorsam gegen den Heiland zu bringen. Aber selbst wenn wir uns von Gott wegwenden, wird Er sich doch niemals von uns abwenden.

Das nenne ich Liebe! Das nenne ich Sicherheit! Nicht *wir* halten *Ihn* fest; wir sind sicher in Christus, weil *Er uns* festhält.

Zur Illustration: Ein Bergsteiger in den Alpen erreichte bei seinem Aufstieg einen gefährlichen Punkt. Die einzige Möglichkeit, überhaupt noch weiter zu kommen, bestand darin, dass er seinen Fuß in die ausgestreckte Hand des Bergführers stellte, der sich ein kleines Stück vor ihm angeseilt hatte. Der Mann hielt einen Augenblick lang inne. Er schaute hinunter an die Stelle, wohin er in den Tod hinabstürzen würde, wenn hier irgendetwas schief ginge. Der Bergführer bemerkte sein Zögern und sagte dann: „Haben Sie keine Angst. In all meinen Dienstjahren ist mir noch niemand aus der Hand geglitten!" Wir sind jetzt sicher, und wir werden auch in Ewigkeit sicher bleiben in der Hand Jesu, unseres Heilandes.

Zum Nachdenken: Das Spannendste, wenn wir zu Christus kommen, besteht darin, dass wir gerade die Gabe, die wir am meisten brauchten, nie wieder verlieren können.

Zum Beten: Preise Gott für zwei Dinge: dass Er dich zu sich brachte und dir ewiges Leben gab; dass Er sein Geschenk nie wieder zurücknehmen wird. Gott dafür zu preisen, dass Er dir eine *ewige* Errettung geschenkt hat, sollte in deinem Leben zur Regel werden.

8

WAS DU AUS DER GEMEINDE MITNIMMST, IST SCHON GRUND GENUG, HINZUGEHEN

Und lasst uns aufeinander Acht haben zur Anreizung zur Liebe und zu guten Werken, indem wir unser Zusammenkommen nicht versäumen, wie es bei einigen Sitte ist, sondern einander ermuntern, und das umso mehr, je mehr ihr den Tag näher kommen seht.

HEBRÄER 10,24.25

Denk doch einmal daran zurück, als du das letzte Mal in einer Sportmannschaft mitgespielt hast – ob das jetzt ein Punktspiel im Baseball war oder eine Bowling-Meisterschaft. Wenn du einen Run für deine Mannschaft geholt oder beim Bowling einen richtig guten Treffer gelandet hast, jubelte die ganze Mannschaft. Wenn ihr das Spiel gewonnen habt, habt ihr es als ganze Mannschaft gewonnen; und wenn ihr es verloren habt, habt ihr es zusammen verloren. Höhen und Tiefen habt ihr gemeinsam, als ein geschlossenes Team erlebt.

Dasselbe geschieht, wenn Gläubige in einer örtlichen Gemeinde zusammenkommen. Der Schreiber des Hebräerbriefs war besorgt um einige

Gläubige, dass es ihnen einfach nichts mehr bedeuten würde, mit allen anderen Gläubigen zusammen zu sein. So ermunterte er sie, ihr Zusammenkommen nicht zu versäumen oder aufzugeben. Aber warum ist das Zusammenkommen als Gläubige so wichtig?
Der Grund, den Paulus angibt, ist sowohl positiv als auch produktiv – nämlich die Art, wie wir aufeinander achten, „zur Anreizung zur Liebe und zu guten Werken." Gott hat das Christenleben nie als Einzeldasein gedacht. Wenn wir als Gläubige zusammenkommen, so haben wir einen gemeinsamen Heiland in Jesus Christus. Wir haben aber auch gemeinsame Erfahrungen. Vielleicht sind wir entmutigt, weil wir einen ungläubigen Verwandten haben, der uns vor der eigenen Familie in Misskredit bringt. Vielleicht müssen wir auch noch Sachen regeln, die mit Sünden in der Vergangenheit zu tun haben. Vielleicht haben wir mit einem gesundheitlichen Problem zu kämpfen oder mit einer Schwierigkeit bei der Arbeit.

Durch das Zusammenkommen in der örtlichen Gemeinde können wir einander Sorgen mitteilen oder uns gegenseitig ermuntern. Wir können mit- und füreinander beten. Wir können gemeinsam Loblieder singen, die uns dabei helfen, unsere Gedanken mehr auf die Größe Gottes zu richten. Wir können gemeinsam die Schrift studieren und gegenseitig von der Einsicht und den Bemerkungen des anderen lernen.

Unsere gegenseitige Ermunterung wird sich nur in dem Maß steigern, wie wir auf das 2. Kommen Christi schauen – der Schreiber redet hier vom herannahenden Tag. Das Wissen darum, dass Er jeden Augenblick wiederkommen könnte, sollte uns noch mehr nach den Zusammenkünften verlangen lassen und uns dazu bringen, dass wir uns gegenseitig ermuntern, Christus treu zu bleiben. Durch die Teilnahme am Leben einer Gemeinde am Ort kannst du selbst gestärkt werden und auch von Gott dazu gebraucht werden, andere zu stärken.

Zur Illustration: Ein Autofahrer, der von Alberta in die Yukon-Berge unterwegs war, wusste nicht, dass man für einen der Pässe einen Allradantrieb brauchte. Beim Frühstück vor Antritt der Reise warnten ihn zwei LKW-Fahrer: „Bei diesem Wetter ist das aber eine gefährliche Überquerung." Trotzdem bestand der Autofahrer darauf und sagte: „Ich will es auf jeden Fall versuchen." Darauf antwortete einer der LKW-Fahrer: „Dann werden wir Sie wohl in die Mitte nehmen müssen." Und weiter erklärte er: „*Einen* Lastwagen werden wir vor Ihr Auto setzen und den anderen dahinter – der LKW vor Ihnen wird eine Spur freifahren und vor Gefahren warnen, und der andere LKW wird hinter Ihnen bleiben, um Ihnen zu helfen, wenn's Probleme gibt. Wir werden Sie schon durch das Gebirge bringen." So wurde es gemacht – und der Autofahrer kam sicher über den Pass. Auf unserem „Lebenspass" ist die Einbindung in eine Ortsgemeinde ein Weg, wie wir einander „abschleppen" und ermuntern können.

Zum Nachdenken: Die Gemeinde ist ein Ort, wo wir entmutigt hinkommen und ermuntert weggehen.

Zum Beten: Bitte Gott, dir zu helfen, eine Gemeinde zu finden, wo jeden Sonntag ein Abschnitt aus der Schrift durchgenommen wird. Gehe dann regelmäßig dorthin und bitte Ihn, dich mit Leuten zu umgeben, mit denen du die praktische Erfahrung gegenseitiger Ermunterung machen kannst.

9

VERSUCHUNGEN WERDEN ZWAR KOMMEN, ABER GOTT WIRD DIR IMMER EINEN AUSWEG SCHENKEN

Keine Versuchung hat euch ergriffen als nur eine menschliche; Gott aber ist treu, der nicht zulassen wird, dass ihr über euer Vermögen versucht werdet, sondern mit der Versuchung auch den Ausgang schaffen wird, so dass ihr sie ertragen könnt.

1. KORINTHER 10,13

Als du zu Christus kamst, hatte Satan verloren! Er wollte dich in seinem Reich haben – einer ewigen Hölle. Durch Christus ist es nun so sicher, dass du in den Himmel kommst, als wärest du schon da.

Weil Satan nun nichts mehr an deinem ewigen Schicksal ändern kann, wird er alles versuchen, dich daran zu hindern, durch dein Leben und Zeugnis auf andere einen christlichen Einfluss zu haben. Das wird er durch die Versuchung tun, indem er dich dazu bringt, etwas Verkehrtes zu tun. Er wird immer deinen schwächsten Punkt gebrauchen – ob es Unmoral, Drogenabhängigkeit, Stolz oder Tratsch war. Sei nicht überrascht, wenn solche Versuchungen kommen, sondern rechne damit. Der Apostel Paulus schrieb an die Christen in Korinth, die ebenfalls Versuchungen vor sich hatten. Er sagte ihnen drei Dinge, die auch heutzutage noch zutreffen. Erstens: Die Versuchungen, mit denen wir zu tun bekommen, sind solche, die auf alle Gläubigen warten. Das sind Versuchungen, die ganz allgemein jeden Menschen treffen. Nur weil wir versucht werden, läuft bei uns geistlich noch lange nichts verkehrt.

Als Zweites teilt uns Paulus mit, dass Gott keine Versuchung zulassen wird, die über das hinausgeht, was wir ertragen können. Gott kennt unsere Bruchstellen, und Er hat die Kontrolle – nicht Satan. Wenn wir also einer Versuchung nachgeben, können wir uns nicht dadurch entschuldigen, dass wir sagen: „Ich hab's einfach nicht mehr ausgehalten." Wäre die Versuchung schlimmer gewesen, als wir es aushalten können, dann hätte Gott sie nicht zugelassen.

Das Dritte, was uns der Apostel Paulus in 1. Korinther 10,13 sagt, ist, wie Gott uns hilft, den Sieg über jede Versuchung zu erleben. Er hat *immer* einen Ausweg vorgesehen. Wenn die Versuchung mit Pornographie zu tun hat, dann können wir doch einfach den Buchladen meiden, in den wir früher öfter gegangen sind. Wenn die Versuchung mit unkontrolliertem Zorn zusammenhängt, dann können wir es doch vermeiden, zu sprechen oder irgendetwas anderes zu machen, bis diese Gefühle wieder weg sind. Aber

Gott wird *immer* eine Möglichkeit schaffen, der Versuchung zu entgehen. Tu alles, was du kannst, um Situationen zu vermeiden, in denen du versucht wirst – aber wenn du versucht wirst, dann halte Ausschau nach einem Ausweg. – Er ist vorhanden!

Zur Illustration: Nach der Französischen Revolution wurde der Sohn von Ludwig XVI. von Frankreich teuflischen Männern überlassen, die ihn den denkbar übelsten Einflüssen aussetzten. Sie verlangten, er solle seinen Namen und seine Stellung entehren und den Königshof verspotten. Angesichts all dieser Versuchungen entgegnete der Prinz: „Das kann ich nicht; ich bin doch der Sohn eines Königs." Wenn du versucht wirst, etwas Verkehrtes zu tun, dann denk daran, dass du doch ein Kind *des* Königs bist. Wähle seinen Ausweg – nicht Satans Versuchung.

Zum Nachdenken: Wenn die Versuchung zuschlägt, liegt die Verantwortung Gottes darin, einen Ausweg zu schaffen; deine Verantwortung besteht darin, diesen zu nutzen.

Zum Beten: Bitte Gott, dir dabei zu helfen, immer darauf zu achten, in welchen Bereichen deines Lebens du am verwundbarsten für Versuchungen bist. Und dann sei gehorsam, indem du ja sagst zu dem Ausweg, nicht zu dem Weg der Versuchung.

10

GOTT MACHT DIR EIN SPANNENDES ANGEBOT: JÜNGERSCHAFT

Und als er die Volksmenge samt seinen Jüngern herzugerufen hatte, sprach er zu ihnen: Wenn jemand mir nachfolgen will, verleugne er sich selbst und nehme sein Kreuz auf und folge mir nach.

MARKUS 8,34

Im Verlauf deines geistlichen Wachstums kommt auch der Wunsch auf, dein Leben *einzusetzen* – nicht einfach die damit verbundenen Aktivitäten auszuführen. Du willst wirklich wissen, dass dein Leben für etwas zählt, was für Gott wichtig ist.

Deshalb fordert dich Gott auch dazu auf, ein Jünger zu sein. Das Wort *Jünger* bedeutet „Lehrling". Ein wachsender Jünger ist jemand, der sich im Glauben Christus anvertraut hat und Ihm nun nachfolgt, indem er sich komplett dem ausliefert, was Gott mit seinem Leben als Jünger vorhat. Gott gebraucht einige Jünger in weltlichen Berufen und andere im christlichen Dienst.

Aber Vorsicht! Während das ewige Leben ein Geschenk ist, ist Jüngerschaft mit Kosten verbunden. Achte besonders auf die Ausdrücke, womit Gott erklärt, was Jüngerschaft eigentlich ist und welche Kosten mit ihr verbunden sind:

Er verleugne sich selbst. Wir müssen dazu bereit sein, das Eigentumsrecht oder die Kontrolle über unser Leben abzugeben. Anstatt zu fragen, was *ich* in meinem Leben tun will, sollten wir fragen: „Was will *Gott* aus meinem Leben machen?“ Statt Gott Anweisungen zu geben, musst du bereit sein, dass Gott dir Anweisungen gibt.

Er nehme sein Kreuz auf. Das Kreuz bedeutete Demütigung, und Kreuzigung war die Methode, mit der man die übelsten Verbrecher hinrichtete. *Sein Kreuz aufnehmen* bedeutet, sich der Lächerlichkeit oder gar der Verfolgung preiszugeben, die wir manchmal erdulden müssen, wenn wir uns klar auf die Seite unseres Heilands stellen. Manche haben sogar den leiblichen Tod erleiden müssen, weil sie sich für Christus eingesetzt haben.

Er folge mir nach. Gott will, dass wir jeden Tag neu von Ihm lernen, worin ein gottgemäßes Leben besteht, und dann entsprechend gehorchen. Sein Unterricht mag sich auf den Bereich Elternschaft oder Gebet beziehen. Er will, dass wir lernen, wie man ein Leben lebt, das Ihn ehrt, und es

dann auch wirklich ausleben.
Aber auch wenn die Jüngerschaft Kosten mit sich bringt, lohnt sie sich doch durchaus. Dein Leben zählt für etwas Ewiges, weil Er dich führt und gebraucht. Gott weiß besser als jeder andere, auf welche Weise dein Leben wirklich zählt.

Zur Illustration: In seinem Buch *Priority One* (Höchste Priorität) berichtet Norm Lewis, dass jemand von Emily Post, einer geachteten Kapazität in Sachen Benehmen, wissen wollte, was er denn tun solle, wenn eine Einladung ins Weiße Haus mit einer bereits eingegangenen Verpflichtung kollidiert. Darauf antwortete sie: „Eine Einladung ins Weiße Haus ist eine so wichtige Dienstanweisung, dass sie jeder bereits getroffenen Terminvereinbarung vorgeht.“ Eine Einladung zur Jüngerschaft hat eine so hohe Priorität, dass man sie auf keinen Fall ausschlagen darf.

Zum Nachdenken: Im Blick auf die Kosten, die Christus auf sich nahm, damit wir überhaupt Christen werden konnten, kann es keine zu hohen Kosten dafür geben, dass Er uns seine Jünger nennt.

Zum Beten: Überschlage sorgfältig, was es dich kostet, ein Jünger zu sein. Und wenn du dann zur Jüngerschaft bereit bist, sage Gott im Gebet: „Ich übergebe mich dir ganz, um dein Jünger zu sein. Gebrauche mich, wie es dir gefällt.“

11

AUS DIR SELBST HERAUS KANNST DU GAR NICHT ALS CHRIST LEBEN – ES GEHT EINFACH NICHT

Ich bin mit Christus gekreuzigt; und nicht mehr lebe ich, sondern Christus lebt in mir; was ich aber jetzt lebe im Fleisch, lebe ich durch Glauben, durch den an den Sohn Gottes, der mich geliebt und sich selbst für mich hingegeben hat.

GALATER 2,19.20

Gott hat dich nicht zu einem leichten Leben berufen. Er hat dich zu einem *unmöglichen* Leben berufen. Aus dir selbst heraus kannst du nicht so leben, wie Gott es jetzt von dir verlangt. Das Großartige daran ist aber, dass Gott das auch gar nicht von dir erwartet. – Er will, dass du *Ihn durch dich leben* lässt.

Im obigen Vers redet Paulus von zwei Dingen, ohne die kein Mensch überhaupt für Christus leben kann. Das Erste könnte man als Identifikation bezeichnen. Als Paulus sagte: „Ich bin mit Christus gekreuzigt", meinte er damit nicht, dass er neben Christus an einem Kreuz hing. Vielmehr war ihm klar, dass ihn seine guten Werke vor Gott nicht annehmlich machen konnten. Stattdessen konnte er nur durch das stellvertretende Werk Jesu am Kreuz in Gottes Augen völlig gerecht dastehen. Seitdem Paulus an Christus glaubte, wusste er sich mit Christus in seinem Tod und seiner Auferstehung einsgemacht. Geistlich gesehen lebte Christus in Paulus. Er musste sich nicht mehr von der Sünde beherrschen lassen, sondern konnte jetzt aus der Kraft heraus leben, die den Heiland aus dem Grab heraufgeführt hatte.

Das Zweite, was wir brauchen, um für Christus zu leben, ist Abhängigkeit. Paulus schreibt weiter: „Was ich aber jetzt lebe im Fleisch, lebe ich durch Glauben, durch den an den Sohn Gottes, der mich geliebt und sich selbst für mich hingegeben hat." Paulus wusste, dass er nur in der Kraft Christi lieben, vergeben, sich selbst beherrschen, cin beständiges Gebetsleben haben und ein gutes Zeugnis sein konnte, einschließlich allem, was ein Leben zur Ehre Gottes ausmacht.

Du kannst nicht ein Leben als Christ anfangen, indem du sagst: „Ich kann das." Du kannst es nur angehen, indem du sagst: „Gott, mit deiner Hilfe kann ich es." Deine Identifikation mit Christus macht dich frei von der Herrschaft der Sünde. Deine Abhängigkeit von Christus hilft dir, ein Leben zu führen, das du sonst nie hättest führen können.

Zur Illustration: Am 12. Juni 1979 schrieb ein 26-jähriger Mann Fluggeschichte. Er flog mit einem pedalgetriebenen Flugzeug über den Ärmelkanal. Er brach von England aus auf und befand sich während seines dreistündigen Fluges nur selten mehr als fünf Meter über dem Wasser. Schließlich landete er nach 37 Kilometern erschöpft auf einem Strand in Frankreich. Für eine kurze Distanz war so ein Kraftakt möglich. Aber menschlicher Antrieb ist kein geeignetes Mittel für den Transport im Flugverkehr. Kein Mensch kann die Energie aufbringen, die für einen langen, wiederholten Flug benötigt wird. Ähnlich können wir auch kein Leben als Christ führen, indem wir aus eigener Kraft in die Pedale treten. Stattdessen müssen wir von Christus abhängig sein, damit Er sein Leben durch uns führen kann.

Zum Nachdenken: Gott verlangt von dir völlige Abhängigkeit von Christus, um ein so übernatürliches Leben zu führen, dass nur Er es führen kann.

Zum Beten: Bekenne Christus, dass du nicht so leben kannst, wie Er es von dir haben will. Bitte Ihn, dass Er dir immer das Bewusstsein dafür erhält, dass Er in dir lebt und dass du jeden Tag von Ihm abhängig sein musst, damit Er sein Leben durch dich leben kann.

12

SCHAU AUF CHRISTUS, NICHT AUF CHRISTEN!

Deshalb nun, da wir eine so große Wolke von Zeugen um uns haben, lasst auch uns, indem wir jede Bürde und die leicht umstrickende Sünde ablegen, mit Ausharren laufen den vor uns liegenden Wettlauf, hinschauend auf Jesus, den Anfänger und Vollender des Glaubens, der, die Schande nicht achtend, für die vor ihm liegende Freude das Kreuz erduldete und sich gesetzt hat zur Rechten des Thrones Gottes.

HEBRÄER 12,1.2

Jeder gewissenhafte Christ möchte gern ein Leben führen, das andere ermutigt. Sei aber nicht naiv; auch Christen versagen. Deshalb sollten wir, um nicht enttäuscht zu werden, auf Christus blicken – nicht auf Christen.

Hebräer 11 listet Männer und Frauen des Glaubens auf, also die, auf die hier Bezug genommen wird als „eine so große Wolke von Zeugen". Sie vertrauten darauf, dass Gott das Unmögliche tun würde. Und dennoch – auf wen sollten denn die Leser des Hebräerbriefes nach den Worten des

Schreibers wirklich ihren Blick richten?
Wie bewundernswert die von dem Schreiber erwähnten Leute aus dem Alten Testament auch waren, der, auf den sie nach seiner Aussage blicken sollten, war Jesus, der „Anfänger und Vollender des Glaubens". Als der *Anfänger* ist Er uns vorausgegangen und hat sozusagen Pionierarbeit geleistet, indem Er uns zu sich brachte und uns das Geschenk des ewigen Lebens machte; und Er hat uns den Weg gebahnt, auf dem wir Ihm nachfolgen können. Als *Vollender* hat Er diese Aufgabe erfolgreich abgeschlossen. Nachdem Er das Kreuz und seine furchtbare Schande erduldet hatte, nahm Er seine erhobene Stellung zur Rechten Gottes ein.

Was für ein Vorbild, was für ein Führer, auf den wir unsere Blicke richten dürfen! Viele Christen können uns durchaus Mut machen; aber zeitweilig können uns genau dieselben Christen auch enttäuschen. Wenn wir dem Beispiel Christi folgen – Er wird uns nie enttäuschen, und wir werden nichts zu bedauern haben. Wenn wir bei Ihm im Himmel sein werden, dann werden wir auch mit Ihm den Sieg teilen, den Er erkämpft hat.

Zur Illustration: Von Kyros, dem Begründer des Persischen Reiches, wird die Geschichte erzählt, dass er einen Fürsten und dessen Familie gefangen nahm. Er fragte den Gefangenen: „Was gibst du mir, wenn ich dich freilasse?" Da antwortete der Fürst: „Die Hälfte meines Reichtums." Kyros fragte weiter: „Und wenn ich deine Kinder freilasse?" Darauf antwortete der Fürst: „Alles, was ich besitze." „Und wenn ich deine Frau freilasse?", fragte Kyros weiter. „Dann gebe ich mich selbst", antwortete der Gefangene. Kyros war so bewegt von der Hingabe des Gefangenen, dass er sie alle freiließ. Als die Familie wieder heimkehrte, fragte der Fürst seine Frau: „War Kyros denn nicht ein gutaussehender Mann?" Als sie antwortete, war die Liebe zu ihrem Ehemann ihr von den Augen abzulesen: „Darauf habe ich nicht geachtet. Ich konnte doch nur dich anschauen – den, der bereit war, sich selbst für mich zu geben."

Zum Nachdenken: Als Gläubige sollten wir unser Hauptaugenmerk auf Christus richten – nicht auf Christen.

Zum Beten: Bitte Gott darum, dass dein Blick immer auf Jesus Christus gerichtet bleibt. Dann bitte Ihn, dir dabei zu helfen, das Christenleben als einen Wettlauf anzusehen, um so mit Beharrlichkeit und Disziplin täglich so zu leben, wie Er es von dir verlangt.

13

WAS DU GEISTLICH HAST, SOLLTE DIR MUT SCHENKEN – DOCH SEI NICHT ZUFRIEDEN DAMIT

Nicht, dass ich es schon ergriffen habe oder schon vollendet sei; ich jage ihm aber nach, ob ich es auch ergreifen möge, indem ich auch von Christus Jesus ergriffen bin. Brüder, ich denke von mir selbst nicht, es ergriffen zu haben; eines aber tue ich: Vergessend, was dahinten, und mich ausstreckend nach dem, was vorn ist, jage ich, das Ziel anschauend, hin zu dem Kampfpreis der Berufung Gottes nach oben in Christus Jesus.

PHILIPPER 3,12–14

Unzufriedenheit kann uns zerstören. Wenn wir mit unserem Einkommen unzufrieden sind, kann uns das missmutig und materialistisch machen. Wenn wir mit unserem Aussehen unzufrieden sind, kann uns das selbstbezogen und eitel machen. Wenn wir mit unserem Ehepartner unzufrieden sind, kann uns das unmoralisch machen, und wir begehen Ehebruch.

Aber auf einem Gebiet kann Unzufriedenheit sogar zu unserem Vorteil sein, nämlich um unser geistliches Wachstum anzuregen. Was du geistlich hast, sollte dir Mut schenken, doch sei nicht zufrieden damit. Wie war's denn bei Paulus? Obwohl seine Erkenntnis von Christus immer tiefer wurde, hatte er doch den Eindruck, Ihn nie gut genug zu kennen. „Vergessend, was dahinten" – damit meinte Paulus wohl nicht sein Versagen oder seine Fehler in der Vergangenheit, die waren ihm ja bereits vergeben. Es ist eher wahrscheinlich, dass er sich dabei auf Leistungen und Wachstum in geistlicher Hinsicht bezog. Wie groß auch das Wachstum in der Vergangenheit oder die geistlichen Erfolge waren, die Paulus erlebte – noch Großartigeres lag vor ihm.

So sagte er: „... jage ich, das Ziel anschauend, hin zu dem Kampfpreis der Berufung Gottes nach oben in Christus Jesus." Er vermittelt das Bild eines Läufers, der so sehr darauf erpicht ist, das Rennen zu gewinnen, dass während des gesamten Rennens sein Oberkörper nach vorn gebeugt ist und sein Gesicht nur stur geradeaus blickt. Paulus sagte damit, dass sein Leben nach oben und nach vorn gerichtet war. Nichts reizte ihn so sehr, als eines Tages vor dem Herrn zu stehen und überreich belohnt zu werden. Sein geistlicher Appetit lässt sich so zusammenfassen: „Ich kann einfach nicht genug kriegen."

Ist deine Erkenntnis von Christus diesen Monat schon tiefer als letzten Monat? Bist du heute geistlich stärker als noch vor sechs Monaten? Richtest du dich an dem aus, wo du gerade *stehst*, oder an dem, wo du *stehen solltest*? Wenn es um geistliches Wachstum geht, ist es eigentlich *empfehlenswert*, unzufrieden zu sein.

Zur Illustration: John J. Audubon (1785–1851) gilt als eine der herausragenden Kapazitäten in Sachen wildlebende Tiere. Oft kroch er stundenlang in einem Sumpf herum, und das Woche für Woche, nur um noch eine Einzelheit über einen einzigen Vogel herauszufinden. So ging er eines Sommers tatsächlich jeden Tag in die Altwasser bei New Orleans, um einen scheuen Wasservogel zu beobachten. Brusttief stand er in dem fast stehenden Gewässer und atmete kaum, während hochgiftige Schlangen und große Alligatoren vorüberschwammen. Wenn er aber über seine Arbeit sprach, war er offensichtlich nicht überzeugt, dass er genug über einen bestimmten Vogel gelernt hatte. Er wollte immer noch mehr wissen. Wenn es um unser geistliches Wachstum geht, ist es Gottes Wunsch, dass wir immer mehr über Christus lernen wollen, indem wir die Erkenntnis vertiefen und mit Ihm leben.

Zum Nachdenken: Dein jetziger geistlicher Standort sollte ein Sprungbrett sein, kein Haltepunkt.

Zum Beten: Bitte Gott um zwei Dinge: Unzufriedenheit mit deinem jetzigen geistlichen Zustand und Entschlossenheit, Ihn immer besser kennen zu lernen.

(14)

DAS LEBEN IM HIMMEL IST UMSONST, ABER DER LOHN IM HIMMEL MUSS VERDIENT WERDEN

Siehe, ich komme bald, und mein Lohn mit mir,
um einem jeden zu vergelten, wie sein Werk ist.

OFFENBARUNG 22,12

Wenn du stirbst, ist der Himmel nicht das Einzige, was Gott dir schenkt. Es ist noch etwas anderes für dich auf Lager, und auch davon will Gott dir eine Menge geben. Es handelt sich um Lohn – und das ist die Weise Gottes, mit der Er darauf reagiert, wie du für Ihn gelebt und Ihm gedient hast.

Das ewige Leben können wir uns nicht verdienen. Es wurde uns bereits zu dem Zeitpunkt geschenkt, als wir an Christus glaubten. In Epheser 2,8.9 steht: „Denn durch die Gnade seid ihr errettet, mittels des Glaubens; und das nicht aus euch, Gottes Gabe ist es; nicht aus Werken, damit niemand sich rühme." Und dann heißt es: „Denn wir sind sein Werk, geschaffen in Christus Jesus zu guten Werken, die Gott zuvor bereitet hat, damit wir in ihnen wandeln sollen“ (V. 10). Dafür, dass wir für Christus leben und gute Werke tun, verheißt uns Gott Lohn im Himmel. Während das ewige Leben im Himmel umsonst ist, wird der Lohn für den Himmel auf der Erde verdient und gründet sich auf treuen Gehorsam gegenüber dem Heiland.

Johannes, der Mann, den Gott dazu gebrauchte, das Buch der Offenbarung zu schreiben, redete von diesem Lohn in Verbindung mit dem 2. Kommen des Heilands. Zwei Dinge in Bezug auf diese Wahrheit sollten dich als Christ ansprechen.

Das eine ist: Christus teilt persönlich diesen Lohn aus. Niemand Größeres könnte diesen Lohn ausgeben als der Heiland, der für dich an einem Kreuz starb. Wenn Er so nachdrücklich sagt: „Ich komme bald“, heißt das, dass wir Ihn jeden Augenblick erwarten sollten, selbst wenn Er nicht wiederkommen sollte, solange wir noch leben.

Zweitens wird sein Lohn unmittelbar mit unserem Dienst für Ihn verbunden. Er wird „einem jeden vergelten, wie sein Werk ist.“ Kein Werk, das für Ihn getan wird, bleibt unbeachtet; und keine Treue zu Ihm bleibt unbelohnt. Aus der Schrift kennen wir zwar nicht alle Einzelheiten im Zusammenhang mit dieser Belohnung, aber die Schrift hebt hervor, dass wir belohnt *werden*.

Du siehst, wie die Unterscheidung zwischen der Errettung und dem Lohn im Himmel sowohl die Liebe als auch die Gerechtigkeit Gottes zeigt. Er liebt so sehr, dass jeder, der will, zu Christus kommen kann, um das Geschenk des ewigen Lebens zu empfangen. Er ist auch vollkommen fair; denn im Himmel wird uns Lohn erwarten, der direkt mit der Art und Weise in Verbindung steht, wie wir heute für Ihn leben.

Zur Illustration: Während eines Festakts in London nach dem Krim-Krieg traten Soldaten vor Königin Victoria, um ihre Medaillen in Empfang zu nehmen. Ein Kronenoffizier half ihr dabei, den Soldaten die Ehrennadeln anzustecken. Als sie sah, wie sehr einer der Soldaten um ihretwillen gelitten hatte, wollte sie ihn höchst persönlich belohnen. Es wird berichtet, dass sie beim Anstecken der Ehrennadel zu ihm sagte: „Gut gemacht! Du treuer und guter Knecht."

Zum Nachdenken: Was heute *für* Christus getan wird, wird später *von* Christus belohnt.

Zum Beten: Da du weißt, wie sehr Gott sich darüber freut, dich zu belohnen, bitte Ihn, dich zu einem treuen Nachfolger Christi in vier Bereichen zu machen: deinem Zuhause, deiner Arbeit, deinem Lebensumfeld und deiner Gemeinde. Bitte Ihn, dich immer daran denken zu lassen, dass Er jeden Augenblick wiederkommen kann.

15

SETZ DIR JEDEN TAG EINE HOHE NORM!

... sondern wie der, der euch berufen hat, heilig ist, seid auch ihr heilig in allem Wandel! Denn es steht geschrieben: „Seid heilig, denn ich bin heilig".

1. PETRUS 1,15.16

Oft sehen Menschen keine Notwendigkeit, zu Christus zu kommen, weil sie sich mit anderen vergleichen: „Ich bin ja nicht so schlecht wie die meisten Leute, die ich kenne", oder: „Ich gehe zwar nicht zur Kirche, aber ich führe ein besseres Leben als die meisten, die das tun." Vielleicht hast auch du so geredet, bevor du zu Christus kamst. Wenn man so denkt, erkennt man nicht, dass Gottes Norm die Vollkommenheit ist. Gemessen an dieser Norm, reicht es bei uns allen nicht. Aber als Gott uns sein Geschenk des ewigen Lebens gab, nahm Er uns an aufgrund der Verdienste seines Sohnes, nicht unserer eigenen.

Wenn wir nicht aufpassen, können wir leicht den Denkmustern verfallen, die uns geprägt haben, als wir noch keine Christen waren. Wenn wir uns damit beschäftigen, wie gut wir doch geistlich stehen, sind wir in der Versuchung auszurufen: „Ich bin doch um einiges besser als viele Christen, die ich kenne.“ Selbst wenn das wahr wäre, sollten nicht andere Christen unsere Norm sein.

Gott selbst ist unsere Norm. Gott sagt: „Seid heilig, denn ich bin heilig.“ Jesus Christus hat uns errettet, und Er wird wiederkommen. Jeden Tag haben wir es nötig, unseren Blick auf Ihn als unsere Norm auszurichten. Wir sollten ein Leben führen, das völlig getrennt von der Sünde und völlig der Gerechtigkeit hingegeben ist. Wir sollten danach streben, so heilig zu sein, wie Er heilig ist.

Werden wir denn nicht darin versagen, an seine Norm der Vollkommenheit heranzureichen? Doch, täglich! Wir haben es nötig, wenn wir es nicht schaffen, in der Freude seiner Vergebung zu leben. Seine Norm nicht zu erfüllen, sollte uns aber nicht daran hindern, uns danach auszustrecken.

Bedenke, wie sehr sich eine solche Norm auf dein Leben auswirken wird. Versuchst du denn, deine Gedanken so rein zu halten, wie seine Gedanken sind? Reagierst du ständig so auf andere wie Er? Liebst du die Menschen so sehr wie Er?

Christus und seine Heiligkeit als Norm zu haben, macht die Messlatte täglich höher. Nun willst du nicht länger so gut leben wie andere Christen; nun willst du so heilig leben, wie Jesus Christus es tat.

Zur Illustration: Wenn ein Chirurg ein Skalpell für den Operationssaal aussucht, nimmt er eins, das sauber und gereinigt ist. Ein Skalpell, das auch nur den geringsten Fleck aufweist, wird ebenso schnell beiseite gelegt wie eins, das ganz schlimm verdreckt ist. Der *Grad* der Unreinheit ist völlig unbedeutend. Für einen guten und sorgfältigen Chirurgen zählt allein die *Tatsache* der Unreinheit. Als Nachfolger Christi sollten wir ebenso sehr auf Reinheit in unserem Leben achten, wie es ein Chirurg bei seinen Instrumenten tut.

Zum Nachdenken: Die Heiligkeit Christi sollte nicht nur ein Vorbild sein, dem man nachlebt, sondern auch eine Norm, nach der man sich ausstreckt.

Zum Beten: Ein Mann betete einmal: „Herr, mach mich so heilig, wie es für einen erretteten Sünder überhaupt möglich ist." Bete dieses Gebet konsequent, denn du weißt, dass es zu einem höheren Niveau an Reinheit und Heiligkeit ermutigt.

16

LASS DEIN GANZES ALTES GEPÄCK LIEGEN!

Jetzt aber legt auch ihr das alles ab: Zorn, Wut, Bosheit, Lästerung, schändliches Reden aus eurem Mund. Belügt einander nicht, da ihr den alten Menschen mit seinen Handlungen ausgezogen und den neuen angezogen habt, der erneuert wird zur Erkenntnis nach dem Bild dessen, der ihn erschaffen hat.

KOLOSSER 3,8–10

Stell dir vor, du bist zu einem hoch offiziellen Empfang eingeladen. Dein Flugplan lässt keine Zeit dafür, dich vor dem Ereignis noch umzuziehen; also gehst du direkt vom Flughafen zum Empfang, mit deinem nagelneuen offiziellen Anzug. Wenn du aber in deiner eleganten Kleidung aus dem Flugzeug steigst, trägst du einen kleinen Koffer, der schon bessere Tage gesehen hat. Der Griff ist gesprungen, die Ecken sind mit Leukoplast geklebt, die Kratzer sind tief, und der ganze Koffer hat keine Farbe mehr. So altes Gepäck passt natürlich nicht zu dem neuen Aussehen.

Wir alle, die zu Christus gefunden haben, schleppen mit unserem neuen Leben noch manche alten Gepäckstücke mit – Sünden, die einmal für uns kennzeichnend waren. Einige Beispiele dafür werden in Kolosser 3 aufgelistet: Zorn, Wut (in unkontrollierten Ausbrüchen), Bosheit (Grausamkeit gegen andere), Lästerung, schändliches Reden, Lügen. Verständlich, dass so etwas uns einmal geprägt hat, wenn man bedenkt, wer früher unser Meister war, nämlich Satan.

Jetzt, als Kinder Gottes, haben wir einen neuen Meister. Gottes Heiliger Geist wohnt in uns. So wie der „alte Mensch" das Bild des alten Lebens hatte, kann der „neue Mensch" nun das Bild Christi tragen. Wie lassen wir nur das alte Gepäck liegen? Indem wir das „Alte" ablegen und das „Neue" anziehen. Die Bibel nennt das Gehorsam. Inzwischen nehmen wir Anweisungen von einer anderen Person entgegen – Christus. Das alte Gepäck muss wirklich zurückgelassen und durch all das ersetzt werden, was den Herrn ehrt. Zorn muss ersetzt werden durch Vergebung; schändliches Reden durch eine angemessene Sprache. Allerdings verschwindet dieses ganze alte Gepäck nicht einfach über Nacht. Aber je mehr wir als Christen wachsen, umso sensibler macht uns Gott für alles Gepäck, das wir wegtun müssen, weil es nicht zu der neuen Persönlichkeit passt, zu der wir in Christus geworden sind. Tag für Tag hilft Er uns dabei, das alte Gepäck liegen zu lassen.

Zur Illustration: Als John Rolfe die Indianerfrau Pocahontas heiratete und sie als seine Frau nach England mitbrachte, begann diese geachtete Indianer-Prinzessin ein Leben zu führen, das ganz anders war als das, was sie von ihrem Volk in Amerika her kannte. Sie ließ ihr altes Leben hinter sich, wurde die Ehefrau eines englischen Gentleman und begann, sich mit den Gepflogenheiten ihres neuen gesellschaftlichen Umgangs vertraut zu machen. Ihre neue Stellung verlangte ihr eine andere Art zu leben ab. Sie musste das Alte „ablegen" und das Neue „anziehen".

Zum Nachdenken: Neue Christen führen noch immer altes Gepäck mit sich; aber der Gehorsam ermöglicht es, das Alte abzulegen, um das Neue anziehen zu können.

Zum Beten: In dem Bestreben, altes Gepäck wegzutun, bitte Gott, dir dabei zu helfen, möglichst schnell zwei Dinge zu tun: Sünden zugeben, die Teil deines alten Lebens waren, und sie dann auf der Stelle im Gehorsam hinter dir lassen.

17

WENN DICH JEMAND BELEIDIGT, REDE MIT IHM – NICHT ÜBER IHN

Wenn aber dein Bruder gegen dich sündigt, so geh hin, überführe ihn zwischen dir und ihm allein. Wenn er auf dich hört, hast du deinen Bruder gewonnen.

MATTHÄUS 18,15

Ein Hinweis im Freizeitraum eines großen Bürokom-plexes erregte die Aufmerksamkeit aller Anwesenden. Dort war zu lesen: „Reden Sie nicht über sich. Das besorgen wir schon, wenn Sie weggegangen sind."

Humorvoll, aber entlarvend, nicht wahr? Wie sehr waren wir es als Nichtchristen gewohnt, hinter dem Rücken anderer über sie zu reden! Leider können auch Christen in diese Gewohnheit verfallen.

Als Christen sind wir Geschwister in Christus. Es wird Zeiten geben, in denen wir – in kleinerem oder größerem Ausmaß – einander verletzen. Wie wünscht Gott, dass wir mit denen umgehen, die uns verletzt haben? Er will, dass wir *mit* ihnen sprechen – nicht *über* sie.

In Matthäus 18,15 steht: „Wenn dein Bruder gegen dich sündigt …“ Gott sagt uns nicht, an welche Art von Sünden Er dabei denkt, weil es hier auf die Art der Sünde überhaupt nicht ankommt. Vielleicht macht sich jemand über unseren Charakter lustig oder ist im Gespräch gereizt und sarkastisch. Dabei kann es egal sein, ob sich der- oder diejenige der Sünde bewusst ist, die er/sie gerade getan hat. Wenn du diesen Menschen auf die Sünde gegen dich ansprichst, wünscht Gott, dass dieses Gespräch privat ist, nicht öffentlich.

Warum? Letztendlich geht es dir nicht ums Tadeln, sondern um Wiederherstellung. Dein Ziel ist es, diese Person in der Privatsphäre deiner Beziehung zu ihr zu überzeugen, dass das, was er/sie getan hat, verkehrt war, sodass diese Person, wenn sie es eingesehen hat, dafür um Entschuldigung bitten und in der Freude der Vergebung leben kann. Viele Menschen bedauern ihr falsches Handeln und bitten dafür um Entschuldigung, wenn man sie nur liebevoll und direkt darauf anspricht. Wenn du offen und liebevoll mit deiner Schwester sprichst, kannst du sie gewinnen. Ein Vieraugengespräch in Liebe macht den Bruder eher *besser* als *bitter*.

Vielleicht fragst du: Was ist aber, wenn er/sie nicht zugibt, etwas falsch gemacht zu haben? Die Verse, die auf Matthäus 18,15 folgen, geben eine Anleitung zum schrittweisen Vorgehen; aber fang bitte da an, wo die

Schrift anfängt, nämlich *mit* dieser Person zu reden, und nicht *über* sie. Halt einmal still und denke darüber nach. Wenn *du* einmal jemand verletzt hast, möchtest du dann, dass diese Person *mit* dir oder *über* dich redet? Deshalb sollten wir dem Gebot Christi Folge leisten und anderen das tun, was wir gern hätten, dass sie uns tun.

Zur Illustration: William Norris war ein amerikanischer Journalist, der sich darauf spezialisiert hatte, einfache und doch sehr vielsagende Verse zu schmieden. So schrieb er einmal:

„Fünf Ding' beacht',
dass deine Zunge sich vergreife nie:
Mit wem du sprichst,
von wem du's tust,
wann, wo und wie.“

Wenn uns jemand beleidigt hat, macht Gott unmissverständlich klar, „mit wem“ und „von wem“ wir sprechen sollten. Sprich mit dem, der dich beleidigt hat.

Zum Nachdenken: Wenn jemand, der zum Leib Christi gehört, etwas Empfehlenswertes tut, so lass es die ganze Welt wissen. Wenn jemand etwas Verletzendes tut, sage es nur dieser Person.

Zum Beten: Bitte Gott, dir dabei zu helfen, die Menschen in der Familie Gottes so zu lieben, dass du, wenn sie dich beleidigen, das tun kannst, was zwar manchmal äußerst schwer fällt, aber sich immer lohnt: Rede *mit* ihnen und nicht *über* sie. Bitte Gott auch darum, *dir* zu helfen, keine Abwehrhaltung einzunehmen, wenn man dich auf etwas anspricht, was du anderen angetan hast.

18

SEI REALIST – CHRISTEN HABEN MIT SÜNDE ZU KÄMPFEN. BEREITE DICH AUF DIESEN KAMPF VOR!

Denn nicht das Gute, das ich will, übe ich aus, sondern das Böse, das ich nicht will, das tue ich ... Ich danke Gott durch Jesus Christus, unseren Herrn! Also nun diene ich selbst mit dem Sinn dem Gesetz Gottes, mit dem Fleisch aber dem Gesetz der Sünde.

RÖMER 7,19.25

Manchmal ist das Leben ein richtiger Kampf. Für Christus zu leben ist nicht immer leicht. Aber wenn wir einmal Christus von Angesicht zu Angesicht sehen, werden wir uns freuen, dass wir uns entschieden haben, für Ihn zu leben.

So gottesfürchtig der Apostel Paulus auch war, er zögerte nicht, seine eigenen Kämpfe zuzugeben.[1] Auch als Christ hatte er noch die sündige Natur, die ihn dazu trieb, das Verkehrte zu tun. Er gab zu, dass sein Tun nicht immer mit seinem Wollen übereinstimmte. Das Gute, das er tun wollte, tat er eigentlich nicht. Dafür tat er das Böse, das er eigentlich nicht tun wollte.

Wie hat er denn diesen Konflikt gelöst? Die Antwort lag in seiner Beziehung zu Christus. In der Abhängigkeit von Ihm konnte er das tun, was Gott von ihm wollte, und nicht das, wozu die sündige Natur ihn trieb. Jedes Mal, wenn er versucht wurde, machte er sich bewusst, dass er nicht mehr sündigen *musste*. Als Christ konnte er nun die Entscheidung treffen, das zu tun, was Christus von ihm wollte.

Ehe du Christ wurdest, unterlagst auch du der Herrschaft deiner sündigen Natur. Jetzt, wo du mit Christus verbunden bist, kannst du dem Gesetz Gottes dienen statt dem Gesetz der Sünde. Statt zu fluchen, steht es dir nun frei, lieber deine Zunge zu beherrschen als von ihr beherrscht zu werden. Statt Rache zu suchen, wenn dich andere verletzen, kannst du dich nun dazu entschließen, ihnen zu vergeben. Wenn du versucht bist zu lügen, hast du nun seine Kraft, um die Wahrheit zu sagen.

Aber lass dich nicht zum Narren halten. Es *wird* Kämpfe geben. Erwarte sie und erkenne, worin dein Sieg besteht. Das bringt dich dazu, lieber das zu tun, was richtig ist, als das, was verkehrt ist.

Zur Illustration: Ein Athlet, der Christ geworden war, bemerkte einmal: „Gerade dann, wenn ich denke, ich hätte das Christenleben und alle seine Probleme unter Kontrolle, unterliege ich, und zwar gründlich. Ich bin dabei zu lernen, dass das Christenleben nicht eine endlose Serie von Eroberungen ist. Oft ist es ein echter Kampf. Ich muss lernen, wieder aufzustehen, nachdem Satan mich umgehauen hat, indem ich mir Blut, Schweiß und Tränen aus dem Gesicht wische und wieder mitten in den Kampf hineinspringe."

Zum Nachdenken: Wenn die Kämpfe kommen, dann stell dir die Frage: Reagiere ich immer noch so wie damals, als ich unter der Kontrolle meiner sündigen Natur stand, oder so, wie es mir in meiner Beziehung zu Christus frei steht?

Zum Beten: Bitte Gott jedes Mal, wenn du im Kampf stehst, dir zu helfen, immer an die Person zu denken, mit der du verbunden bist. Stütze dich dann auf Ihn, um das zu tun, was du tun solltest – nicht das, was du immer getan hast.

19

DU BIST NICHT DER EIGENTÜMER VON DEM, WAS DU HAST, SONDERN NUR DER VERWALTER

Den Reichen in dem gegenwärtigen Zeitlauf gebiete, nicht hochmütig zu sein noch auf die Ungewissheit des Reichtums Hoffnung zu setzen, sondern auf Gott, der uns alles reichlich darreicht zum Genuss; Gutes zu tun, reich zu sein an guten Werken, freigebig zu sein, mitteilsam …

1. TIMOTHEUS 6,17.18

Denke an das, was dir zur Zeit gehört. Gehört es dir, oder verwaltest du es nur? Hast du jemals über den Unterschied nachgedacht zwischen Eigentum haben und verwalten? Ein Eigentümer besitzt, was er hat. Ein Verwalter hat die Aufsicht über das, was jemand anderem gehört.

Nach neutestamentlichem Standard ist man schon reich, wenn man mehr im Schrank hat, als man für einen Tag braucht. Daran gemessen, sind wir alle wohlhabend. Die meisten von uns haben nicht nur Nahrung für diese Woche in der Gefriertruhe, sondern auch für die nächste Woche. Als Paulus an Timotheus schrieb, wies er ihn an, andere daran zu erinnern, dass es Gott ist, „der uns alles reichlich darreicht zum Genuss". Ob wir nun ein Auto besitzen, ein Boot, ein Haus oder Bargeld – das alles kommt von Gott. Ihm gehört es.

Gott will, dass wir unsere Ressourcen in der rechten Weise verwalten und sie für die Förderung seines Reiches einsetzen, nicht für ein ichbezogenes Leben. Er legte den Nachdruck darauf, „freigebig zu sein, mitteilsam ..." Unser erster Gedanke sollte sein, wie dieser Reichtum *anderen* nutzen kann, und nicht, wie er uns nutzen kann.

Kannst du einem Nachbarn oder einer Nachbarin helfen, wenn ganz unerwartet eine dicke Krankenhausrechnung auf sie zukommt? Unterstützt deine Gemeinde einen Kleidertransport in das Obdachlosenasyl am Ort und braucht deine Hilfe? Wann immer und wie immer du hilfst – du gibst nur das, was Ihm gehört und was du verwaltest.

Ist es denn falsch, ein neues Haus zu kaufen? Nein – solange du anerkennst, dass Gott der Eigentümer ist und du der Verwalter bist, und solange du zulässt, dass dieses Haus ein Segen für deine Umgebung ist. Innerhalb deiner vier Wände sollte ein entmutigter Nachbar Ermunterung finden, einsame Menschen einen Freund; und Ungläubige dürfen hier mit dem Heiland bekannt gemacht werden. Ist das Tätigen von Investitionen zur Unehre des Herrn? Überhaupt nicht – solange du diese

Investitionen so verwaltest, wie es Ihm wohlgefällig ist. Schließlich gehören deine Finanzen ja *Ihm*.

Zur Illustration: In dem Buch *Your Money: Frustration or Freedom?* (Dein Geld – Frustration oder Freiheit?) berichtet Howard L. Dayton von Jim Seneff, der zu der Erkenntnis gekommen war, dass Gott der Eigentümer von dem war, was er besaß. Er kaufte ein Auto, um dasjenige zu ersetzen, mit dem er bis dahin gefahren war; und als es gerade einmal zwei Tage alt war, fuhr ihm eine junge Frau in die Seite. Jims erste Reaktion war: „Nun ja, Gott, ich weiß ja nicht, warum du an deinem neuen Auto eine Beule in der Seite haben willst, aber jetzt hast du sie."

Zum Nachdenken: Alles, was du hast, ist nur geliehen. Gott ist der Eigentümer; du der Verwalter.

Zum Beten: Bete, dass Gott dir täglich das Bewusstsein erhält, dass *alles*, was du hast, von Ihm ist. Bitte Ihn, dir dabei zu helfen, das, was Er dir gegeben hat, zu seiner Ehre zu verwalten.

20

EIN CHECK DES GEISTES IST WICHTIG FÜR DEINE GEISTLICHE GESUNDHEIT

Im Übrigen, Brüder, alles, was wahr, alles, was würdig, alles, was gerecht, alles, was rein, alles, was lieblich ist, alles, was wohllautet, wenn es irgendeine Tugend und wenn es irgendein Lob gibt, dies erwägt.

PHILIPPER 4,8

Jeder Körperteil, der nicht geschützt wird, kann dir Probleme bereiten; besonders dann, wenn dieser Körperteil schon eine Schwachstelle war, ehe du Christ wurdest. Deine Hände könnten dich zum Stehlen bringen, deine Augen dich begierig machen, oder deine Zunge könnte dich zum Lügen oder Tratschen bringen.

Dennoch muss kein Körperteil so sehr geschützt werden wie deine Gedanken. Was dir in den Sinn kommt, äußert sich auch in deinem Leben. Sprüche 23,7 lehrt uns, dass ein Mensch so ist, wie er in seinem Herzen denkt. Ein Check des Geistes ist wesentlich für geistliches Wachstum.

Philipper 4,8 lehrt, dass das, was du in deinem Denken zulässt, diesen Normen entsprechen sollte.

- *Alles, was wahr ist* – das Denken sollte keine falsche Lehre oder unwahren Gerüchte tolerieren.
- *Alles, was würdig ist* – das Denken sollte nur das akzeptieren, was anständig und nicht unzüchtig ist.
- *Alles, was gerecht ist* – die Gedanken sollten nur dem nachgehen, was Gott gutheißt.
- *Alles, was rein ist* – der Geist sollte sich nur mit Gedanken beschäftigen, die einen guten Charakter und ein gutes Gewissen fördern.
- *Alles, was lieblich ist* – die Gedanken sollten mit dem beschäftigt sein, was zur Einheit führt.
- *Alles, was wohllautet* – die Gedanken sollten sich mit dem befassen, was gut und empfehlenswert für das Leben ist.

Weiter sagt Paulus: „Wenn es irgendeine Tugend und wenn es irgendein Lob gibt, dies erwägt." Worauf Paulus hinaus will, ist, dass sich die Gedanken mit dem beschäftigen sollten, was gut und positiv ist – nicht mit dem, was böse und negativ ist.

Wenn sich ein unwürdiger Gedanke in dein Denken einschleicht, jage ihn hinaus und denke stattdessen an etwas Positives. Dein Denken wirkt sich auf dein Leben aus.

Zur Illustration: In seinem Buch *Developing the Leader Within You* (Die Entwicklung des Führers in dir) berichtet John Maxwell von einem Mann in Hong Kong, der gerade an einem Tätowierungsstudio vorbeiging. Im Schaufenster waren verschiedene Muster von Tätowierungsangeboten zu sehen, von denen eins die Worte trug: „Als Verlierer geboren". Der Mann ging in den Laden hinein und äußerte sein Erstaunen: „Ich kann nicht glauben, dass sich damit überhaupt jemand tätowieren lässt." Der Asiate tippte sich an den Kopf und antwortete: „Vor Tätowierung auf Körper, Tätowierung in Gedanken."

Zum Nachdenken: Womit du dich in deinen Gedanken beschäftigst, das wirst du auch in deinem Leben zur Ausführung bringen.

Zum Beten: Bitte Gott, dir dabei zu helfen, dir deinen Geist mit einer Tür vorzustellen. Was an Gutem und Positivem anklopft, lass hinein. Und halte deine Tür verschlossen für alles, was böse und negativ ist.

21

DIENE EINFACH, UND GOTT WIRD DIR DEINE GEISTLICHE GABE ZEIGEN!

Da wir aber verschiedene Gnadengaben haben, nach der uns verliehenen Gnade: es sei Weissagung, so lasst uns weissagen nach dem Maß des Glaubens; es sei Dienst, so lasst uns bleiben im Dienst; es sei, der da lehrt, in der Lehre; es sei, der da ermahnt, in der Ermahnung; der da gibt, in Einfalt; der da vorsteht, mit Fleiß; der da Barmherzigkeit übt, mit Freudigkeit.

RÖMER 12,6 8

Gottes größte Gabe an dich ist das ewige Leben. Aber damit hört Gott nicht auf. Im Augenblick deiner Errettung hat Er dir auch eine oder mehrere geistliche Gaben gegeben.

Bei geistlichen Gaben handelt es sich um besondere Fähigkeiten, die Gott Christen gibt, sodass wir gemeinsam Menschen zu Christus führen und einander helfen können, geistlich zu wachsen. Christen haben nicht alle dieselben geistlichen Gaben; aber wir alle haben mindestens eine.

Die hier an dieser Stelle genannten Gaben sind:

1. *Weissagung* – die Fähigkeit, das zu verkündigen, was Gott schon in der Schrift offenbart hat.
2. *Dienst* – die Fähigkeit, anderen Gläubigen in ihren Bedürfnissen zu dienen.
3. *Lehre* – die Fähigkeit, anderen die Bibel zu erklären.
4. *Ermahnung* – die Fähigkeit, andere Gläubige in Gnade zu ermuntern und zu stärken.
5. *Geben* – die Fähigkeit, außerordentlich viel von dem zu geben, was man hat.
6. *Leitung* – die Fähigkeit, Menschen anzuleiten und zu einem bestimmten Ziel hinzuführen.
7. *Barmherzigkeit* – die Fähigkeit, gründlich die Verletzungen anderer herauszufinden und denen zu helfen, die in Not sind.

Wie findet man denn seine geistliche Gabe? Denke nur an zwei E's – Erfahrung und Entfaltung.
Zuerst kommt die Erfahrung. Gott dirigiert bewegliche Gegenstände. Du musst nicht wissen, was deine geistliche Gabe ist, um vom Herrn gebraucht zu werden. Lege einfach los und fang an zu dienen. Wenn du in eine Gemeinde am Ort eingebunden bist, dann tu einfach, was du kannst, um zu dienen, und Gott wird dir zeigen, was deine geistliche Gabe ist.

Als Zweites kommt die Entfaltung. Während du dienst, werden dich gottesfürchtige Männer und Frauen beobachten und dir oft helfen, indem sie auf deine besondere Gabe hinweisen. So werden sie vielleicht sagen: „Ich glaube, du hast die Gabe der Barmherzigkeit. Du hast soviel Mitempfinden für andere." Oder: „Ich glaube, du hast die Gabe der Ermahnung. Du weißt wirklich, wie man Leute anreizt und ermuntert."

Wenn du einmal deine Gabe entdeckt hast, bitte Gott, dir zu helfen, sie auch zu entwickeln. Hüte dich davor, deine Fähigkeit mit der Fähigkeit anderer zu vergleichen. Gott erwartet nicht von dir, am besten in dem zu sein, was *andere* können. Er erwartet von dir, am besten zu sein in dem, was *du* kannst.

Zur Illustration: Als Theodore Roosevelt einmal gefragt wurde: „Was kann ich denn tun?", gab er die perfekte Antwort: „Tu, was du kannst, mit dem, was du hast, wo du bist." Im Hinblick auf die Entfaltung und Ausübung deiner geistlichen Gaben ist das alles, was Gott von dir erwartet.

Zum Nachdenken: Deine geistliche Gabe ist Gottes Geschenk an dich. Sie zu entwickeln und auszuüben, ist deine Gabe an Ihn.

Zum Beten: Bitte Gott, dir Gelegenheit zu geben, Ihm innerhalb deiner Ortsgemeinde zu dienen. Und während du dienst, bitte Ihn, dir zu helfen, deine geistliche Gabe, aber auch ihren Gebrauch nach seinen Gedanken immer besser zu verstehen.

22

DEINE FAMILIE KÖNNTE DICH FÜR EINEN RELIGIÖSEN FANATIKER HALTEN

Denkt nicht, dass ich gekommen sei, Frieden auf die Erde zu bringen; ich bin nicht gekommen, Frieden zu bringen, sondern das Schwert. Denn ich bin gekommen, den Menschen zu entzweien mit seinem Vater und die Tochter mit ihrer Mutter und die Schwiegertochter mit ihrer Schwiegermutter; und des Menschen Feinde werden seine Hausgenossen sein.

MATTHÄUS 10,34-36

Nicht jeder ist davon überzeugt, dass du die richtige Entscheidung getroffen hast, als du gläubiger Christ wurdest. Manche sind vielleicht sogar überzeugt, dass du damit einen Fehler gemacht hast. Am meisten verletzt jedoch die Kritik, die von denen kommt, die hinter derselben Haustür wohnen wie du.

Als Christus in Matthäus 10 seine Jünger aussandte, warnte Er sie bereits davor, dass die Botschaft von Ihm nicht „den Frieden", sondern „das Schwert" bringen würde. Er warnte sie, dass seine Botschaft zeitweilig sogar Konflikte hervorrufen würde, statt sie zu lösen.

Warum? Weil die Botschaft von Christus etwas ist, wozu man Stellung beziehen muss. Johannes 3,18 sagt: „Wer an ihn glaubt, wird nicht gerichtet; wer aber nicht glaubt, ist schon gerichtet, weil er nicht geglaubt hat an den Namen des eingeborenen Sohnes Gottes." Jesus Christus ist die Trennlinie zwischen Menschen. Das ewige Schicksal eines Menschen hängt davon ab, was er oder sie mit Christus tut.

Aber wo findet diese Trennung am häufigsten statt? Christus sagte warnend: „Und des Menschen Feinde werden seine Hausgenossen sein."

Wenn du mit Verwandten über Christus redest, kann das einige deiner Familienangehörigen gegen dich aufbringen. Manche fühlen sich beleidigt, wenn du darauf bestehst, dass sie Christus brauchen, weil doch nach ihrer Überzeugung bei ihnen alles vollkommen in Ordnung ist. Andere werden dich deutlich auffordern, dieses „religiöse Zeug" für dich zu behalten. Andere werden dich ganz meiden, aus Angst, dass du wieder von geistlichen Dingen anfängst.

Bete, dass die Menschen, die mit dir verwandt sind, die Notwendigkeit spüren, in die rechte Beziehung zu Ihm zu kommen. Bitte Gott außerdem darum, dass Er noch jemand anders schickt, um mit ihnen zu sprechen. Der Herr gebraucht oft jemanden außerhalb der Familie, um das Zeugnis von jemandem in der Familie zu bestätigen.

Zur Illustration: Eine Frau, die gerade Christus kennen gelernt hatte, sorgte sich sehr um die Errettung ihres Bruders. Als sie ihn ansprach, nannte er sie eine religiöse Fanatikerin. Als Entgegnung schrieb sie ihm einen lieben Brief, in dem sie ihm das Evangelium erklärte. So schrieb sie: „Ich habe nichts zu verlieren. Du hältst mich ja sowieso schon für eine religiöse Fanatikerin. Aber dir steht es frei, alles zu gewinnen. Wenn du an Christus glaubst, kannst du wissen, dass du in den Himmel kommst; und solange du noch hier auf der Erde bist, kannst du seine Gegenwart erleben."

Diesen Brief gebrauchte Gott, um sein Herz zu erweichen und ihn zum Heiland zu führen.

Zum Nachdenken: Derjenige, den man als Spalter irdischer Familien ansieht, ist genau derjenige, der sich sehr danach sehnt, unsere Verwandten zu Mitgliedern seiner himmlischen Familie zu machen.

Zum Beten: Denke an drei Familienangehörige, die du gern bei Christus sehen würdest. Bitte Gott, erstens eine offene Tür für *dein* Zeugnis zu schenken, und bitte Ihn zweitens um jemanden außerhalb der Familie als *zusätzliches* Zeugnis.

23

ÜBE DICH IM SELBSTGERICHT, NICHT IM KREUZVERHÖR!

Richtet nicht, damit ihr nicht gerichtet werdet; denn mit welchem Urteil ihr richtet, werdet ihr gerichtet werden, und mit welchem Maß ihr messt, wird euch zugemessen werden. Was aber siehst du den Splitter, der in dem Auge deines Bruders ist, aber den Balken in deinem Auge nimmst du nicht wahr? Oder wie kannst du zu deinem Bruder sagen: Erlaube, ich will den Splitter aus deinem Auge herausziehen; und siehe, der Balken ist in deinem Auge? Du Heuchler, zieh zuerst den Balken aus deinem Auge heraus, und dann wirst du klar sehen, um den Splitter aus dem Auge deines Bruders herauszuziehen.

MATTHÄUS 7,1–5

Kritik zu üben ist ganz leicht, nicht wahr? Vor uns auf der Autobahn schert jemand aus, und schon rufen wir: „Der glaubt wohl, die Straße gehört ihm ganz allein!" Wenn eine Mitangestellte befördert wird, fragen wir: „Wie hat die das bloß wieder hingekriegt?" Mit unserem Kritikgeist können wir uns als Richter aufspielen. Aber Gott will, dass wir Christen zuerst uns selbst beurteilen, nicht andere.

Der obige Abschnitt empfiehlt uns zwei Vorsichtsmaßnahmen. Die erste lautet: Sei nicht vorschnell bei der Beurteilung deiner Glaubensgeschwister. Wenn wir streng sind, wird auch Gott uns streng beurteilen. Er warnt uns: „Mit welchem Maß ihr messt, wird euch zugemessen werden." Wir Christen werden eines Tages vor dem Herrn beurteilt werden, um genau den Lohn zu empfangen, der nach seinem Urteil für uns angemessen ist. Wenn wir wollen, dass Er Nachsicht mit uns hat, dann müssen wir auch anderen mit Nachsicht begegnen.

Die zweite Vorsichtsmaßnahme ist: Schau nach innen, nicht nach außen. Ein Balken ist sehr viel größer als ein Splitter. Der Herr empfiehlt uns: Ehe wir uns um Probleme im Leben anderer Leute kümmern, sollten wir uns erst einmal die viel größeren Probleme in unserem eigenen Leben ansehen.

Viele Gläubige stellen fest – und zwar nach eingehender Prüfung –, dass das, was sie bei anderen ärgerlich fanden, oft auch in ihrem eigenen Leben vorhanden ist. Ein Christ hat einmal bezeugt: „Ich wünschte, ich hätte früher gelernt, dass das, wofür ich bei anderen am sensibelsten bin, etwas ist, worin ich selbst schuldig bin."

Die Welt redet von Kreuzverhör – Christus von Selbstgericht.

Zur Illustration: Ein Mann hatte Probleme, mit seiner Frau zu kommunizieren, und schloss daraus, dass sie wohl immer schwerhöriger wurde. Ohne ihr etwas zu sagen, beschloss er, ihr Gehör einem Test zu unterziehen. Er saß hinter ihrem Rücken auf einem Stuhl, das Gesicht zu der von ihr abgewandten Seite des Zimmers, und flüsterte: „Kannst du mich hören?“ Als keine Antwort kam, rückte er näher heran und fragte: „Kannst du mich jetzt hören?“ Nach dem viertem Näherrücken war er schließlich ganz dicht hinter ihr. Als er nun noch einmal fragte: „Kannst du mich hören?“, antwortete sie frustriert: „Zum vierten Mal: Ja!“

Zum Nachdenken: Wenn du bei der Beurteilung anderer Gnade walten lässt, dann wird auch Gott in seinem Urteil über dich Gnade walten lassen, wenn du einmal vor Ihm stehen wirst, um belohnt zu werden.

Zum Beten: Jesus Christus war bekannt dafür, gnädig und barmherzig zu sein. Bitte Gott, dich im Umgang mit anderen genau so werden zu lassen. Frage immer zuerst, wo bei dir Veränderung nötig ist, bevor du danach fragst, wo bei anderen Veränderung nötig ist.

24

LIEBE IST KEIN GEFÜHL, SONDERN EIN WILLENSAKT

Ein neues Gebot gebe ich euch, dass ihr einander liebet, damit, wie ich euch geliebt habe, auch ihr einander liebet. Daran werden alle erkennen, dass ihr meine Jünger seid, wenn ihr Liebe untereinander habt.

JOHANNES 13,34.35

Wenn in der Anfangszeit des Christentums Nichtchristen eine Gruppe von Gläubigen sahen, machten sie oft die Bemerkung: „Wie lieb haben die sich untereinander!"

Liebe! Das will Christus unter Christen sehen – heranreifende Jünger, die man an der Liebe erkennt. Christus sagte: „Daran werden alle erkennen, dass ihr meine Jünger seid, wenn ihr Liebe untereinander habt" (Johannes 13,35). Aber was ist Liebe eigentlich? Oft wird sie mit Lust verwechselt und auf ein bloßes Gefühl reduziert. Zwei Dinge kennzeichnen die Liebe, die wir untereinander haben sollen. Erstens: Eine biblische Definition von Liebe setzt den anderen immer an die erste Stelle, sogar dann, wenn das Selbstaufopferung bedeutet. Christus hat selbst die

Norm bestimmt, als Er sagte: „... wie ich euch geliebt habe." Er nahm unsere Sünden auf sich und erlitt die Strafe, die wir eigentlich hätten erleiden sollen. Höher als alles, was irgendwer bis dahin gekannt hatte, wurde diese Liebe nun zum neuen Gebot.

Zweitens: Liebe ist kein Gefühl; sie ist eine bewusste Wahl. Christus erklärte: „Ein neues *Gebot* gebe ich euch, dass ihr einander liebet." Liebe entspringt einem Willensakt, indem wir die Wahl treffen, Christus zu gehorchen. Er ruft uns dazu auf, seinen Fußstapfen zu folgen und so zu handeln, wie Er gehandelt hat, ob nun Gefühle oder Empfindungen dabei mitspielen oder nicht. Vielleicht haben wir das Gefühl, eine bestimmte Person sei es nicht wert, von uns geliebt zu werden. Das spielt keine Rolle. Wir sind gefragt, eine bewusste Wahl zu treffen und zu sagen: „Ich will dich lieben. Ich will dich an die erste Stelle setzen, auch wenn das bedeutet, dass ich mich selbst aufopfern muss."

Zur Illustration: Einige Forscher waren in der eisigen Tundra nahe am Südpol eingeschlossen. Die Gruppe kam nur langsam vorwärts, und es war fraglich, ob sie je wieder zu ihrer Basisstation zurückkehren würde. Der Nahrungsmittelvorrat war auf einige Kekse im Rucksack jedes einzelnen Forschers geschrumpft. Eines Nachts, als sie gerade schliefen, hörte ihr Teamleiter eine Bewegung. Mit kaum geöffneten Augen nahm er wahr, wie eins der Gruppenmitglieder sich an den Rucksack eines anderen heranmachte. Der Leiter war schockiert und glaubte, dieser

Mann sei so tief gefallen, dass er zum Dieb geworden war. Dann sah er, wie der Mann einen halben Keks aus seinem eigenen Beutel herausnahm und ihn ruhig in den Rucksack des anderen hineinsteckte. Dieses großzügige Gruppenmitglied hatte beobachtet, wie der andere immer schwächer geworden war, und dachte, dass dieser zu stolz sein würde, um die Ration eines anderen anzunehmen. In jener Nacht wurde der Teamleiter Zeuge einer Demonstration von aufopfernder Liebe.

Zum Nachdenken: Andere zu lieben heißt nicht, einem guten Gefühl zu folgen, sondern – und das ist das Allerwichtigste – einem Gebot zu gehorchen.

Zum Beten: Bitte Gott, dir zu helfen, seinem Gebot zu gehorchen, andere zu lieben, ohne Rücksicht auf deine Wünsche oder Gefühle. Miss dann deine Liebe an seiner Norm – nicht an deiner.

25

BEEILE DICH, SÜNDE SO ZU NENNEN, WIE GOTT SIE NENNT, NÄMLICH SÜNDE!

Wenn wir unsere Sünden bekennen, so ist er treu und gerecht, dass er uns die Sünden vergibt und uns reinigt von aller Ungerechtigkeit.

1. JOHANNES 1,9

Wir können gar nicht voll erfassen, wie Gott Sünde empfindet. Weil Gott ein heiliger Gott ist, muss Er die Sünde völlig verwerfen. Was uns als der allerverwerflichste Akt erscheint, kommt auch nicht annähernd an die Verwerflichkeit heran, die für Gott die Sünde hat. Deshalb will Er auch, dass wir unseren Ungehorsam so nennen, wie Er ihn nennt, nämlich Sünde.

Missverstehe ja nicht eine so großartige Wahrheit der Schrift. Sobald du an Christus glaubst, wird deine Beziehung zu Gott niemals abgebrochen. Du gehörst ewig zu Ihm. Deine *Nähe* zum Herrn kann jedoch durchaus von Sünde beeinträchtigt werden. In der obigen Stelle spricht Johannes zu Gläubigen: „Wenn wir unsere Sünden bekennen …" *Bekennen* heißt, dass wir eine verkehrte Tat genau so sehen wie Gott – nämlich als *Sünde*.

Mildere Sünde nicht ab, und spiele sie auch nicht herunter. Gott tut das auch nicht. Nenne eine Lüge *Lüge* – nicht einen Fehler. Nenne einen Ehebruch *Ehebruch* – nicht eine Affäre. Nenne Sünde so, wie Gott sie nennt. Was geschieht, wenn wir unsere Sünden bekennen? Gott ist treu und gerecht. Er steht zu sich selbst. Als liebender und barmherziger Gott geht es bei Ihm ganz schnell, „dass er uns die Sünden vergibt und uns reinigt von aller Ungerechtigkeit." Er kann dies tun, denn als sein Sohn vor 2000 Jahren am Kreuz starb, nahm Er die Strafe, die wir für *alle* unsere Sünden verdienten, auf sich – vergangene, gegenwärtige und zukünftige. Sobald wir Sünde bekennen, können wir mit dem Trost leben, dass das, was wir getan haben, vergeben ist. Weil Gott nicht mehr an die Sünde denkt, brauchen auch wir es nicht mehr zu tun.

Denke nur an eine Eltern-Kind-Beziehung. Auch wenn sich das Kind schlecht benimmt, hat sich an der Beziehung nichts geändert. Die Eltern sind immer noch die Eltern; und das Kind ist immer noch das Kind. Wenn sich aber das Kind nicht um sein Fehlverhalten kümmert, hat das Auswirkungen auf seine Nähe zu den Eltern. Sobald das Kind bekennt, was es verkehrt gemacht hat, ist es so, als ob die Sache nie geschehen wäre. Ähnlich ist es, wenn wir Sünde so nennen, wie Gott sie nennt: Dann wird nämlich unsere Nähe zu Gott wiederhergestellt, und wir wissen, dass wir nun vor Gott vollkommen rein sind. Dann können wir auch in aufrichtiger Trauer und tiefem Bedauern das Angemessene tun, wenn es darum geht, mit den Folgen unserer Sünde fertig zu werden. Wie viel besser ist es doch, dein Leben vor Gott zu führen, mit dem erhebenden Gefühl der Vergebung und nicht mit dem Schmerz über nicht bekannte Sünde.

Zur Illustration: Eine Frau kam zu einem Evangelisten nach einer seiner Predigten und fragte: „Können Sie mir helfen? Ich habe die schreckliche Angewohnheit zu übertreiben." „Sicher, meine Dame", antwortete der Evangelist. „Nennen Sie das einfach Lügen."

Zum Nachdenken: Wenn Sünde als das verstanden wird, was sie ist, kann das Bekenntnis zwar schmerzlich sein, aber die Vergebung ist belebend.

Zum Beten: Gibt es Sünde in deinem Leben, die du noch nicht vor Gott gebracht hast? Wenn ja, dann bekenne sie vor Ihm und bitte Ihn, dir zu vergeben. Bete auch, dass Er dir eine beständige Eile darin gibt, Sünden vor Ihm zuzugeben, damit du auch in der Freude seiner Vergebung leben kannst.

26

AUCH DAS CHRISTENLEBEN HAT SEINE TIEFPUNKTE

Denn auch als wir nach Mazedonien kamen, hatte unser Fleisch keine Ruhe, sondern in allem waren wir bedrängt; von außen Kämpfe, von innen Befürchtungen. Der aber die Niedrigen tröstet, Gott, tröstete uns durch die Ankunft des Titus; nicht allein aber durch seine Ankunft, sondern auch durch den Trost, womit er bei euch getröstet worden war – als er uns kundtat eure Sehnsucht, euer Wehklagen, euren Eifer für mich, so dass ich mich umso mehr freute.

2. KORINTHER 7,5–7

Ein bulgarisches Sprichwort sagt: „Gott verspricht zwar eine sichere Landung, aber keine ruhige Überfahrt." Dem Christenleben fehlt es nicht nur an Ruhe, es hat auch manchmal Tiefpunkte. Der Apostel Paulus erlebte sie, und auch wir werden sie haben. Sei nicht überrascht, wenn sie kommen.

Paulus sagte: „... hatte unser Fleisch keine Ruhe", weil ihn Spannungen und Kämpfe quälten, und zwar sowohl seelisch als auch körperlich. Zwar erwähnte er hier keine Einzelheiten, aber der Ausdruck „von außen Kämpfe“ deutet an, dass es sich wohl um Kämpfe handelte, die er mit Ungläubigen hatte, weil er das Evangelium predigte. Manche nahmen seine Botschaft an, andere nicht. „Von innen Befürchtungen“ bezieht sich wohl auf seine Sorge um die Neubekehrten. Er hatte an die Gemeinde in Korinth einen Brief geschrieben und ihnen einige unakzeptable Verhaltensweisen vorgehalten; und nun war er im Ungewissen, wie dieser Brief wohl aufgenommen worden war. Vielleicht hatte er auch Angst davor, dass Satan versuchen würde, die Gläubigen in mancherlei Sünden zu verstricken.

Gott hat Wege, uns zu trösten, wenn wir mal down sind; und diesmal gebrauchte er einen guten Freund von Paulus – Titus. Dieser berichtete Paulus davon, wie sich die Einstellung der Korinther geändert hatte. Sie hatten große Sehnsucht, Paulus wiederzusehen, und trauerten wegen ihres Fehlverhaltens in der Vergangenheit. Paulus war richtig gespannt darauf, seinen Freund Titus zu sehen, aber noch mehr berührte es ihn, als er dessen Bericht hörte.

Das Leben als Christ ist nicht ohne Sorgen. Dabei haben unsere Tiefpunkte die verschiedensten Ursachen – Arbeitsplatzverlust, gesundheitliche Probleme, unerwartete Rechnungen, Spannungen in der Familie, ein großes Hindernis, das unseren Plänen im Weg steht. Solche

Tiefpunkte *wird* es immer wieder geben; aber ganz gleich, wie es zu einem Tiefpunkt kommt, Gottes Trost in solchen Augenblicken reicht immer aus.

Zur Illustration: Tom Landry, der lange Zeit die „Dallas Cowboys" trainierte, war ein engagierter Christ, der seine Prioritäten so setzte: 1. Gott, 2. Familie, 3. Fußball. Was ihn von vielen anderen Trainern unterschied, war sein Weitblick und seine Fähigkeit, schwere Rückschläge wegzustecken. In der Zeitschrift USA *Today* bezeugte er einmal: „Ich leide unter Niederlagen, aber zum Glück erhole ich mich auch schnell wieder. Meine Beziehung zu Christus liefert mir eine Kraftquelle, die ich sonst nicht hätte." Auch als Christen erleiden wir Enttäuschungen und Rückschläge, aber mitten in diesen Leiden schenkt Christus Kraft.

Zum Nachdenken: Der Heiland verspricht uns, dass wir im Himmel keine Tiefpunkte haben werden, aber auf der Erde haben wir sie wohl. Verliere nicht die Fassung, wenn sie kommen.

Zum Beten: Bitte Gott, dir dabei zu helfen, konsequent für Ihn zu leben, sowohl auf Höhen als auch in Tiefen.

27

ZEITWEILIGES LEIDEN KANN ZU EWIGER BELOHNUNG FÜHREN

… worin ihr frohlockt, die ihr jetzt eine kurze Zeit, wenn es nötig ist, betrübt seid durch mancherlei Versuchungen; damit die Bewährung eures Glaubens, viel kostbarer als die des Goldes, das vergeht, aber durch Feuer erprobt wird, befunden werde zu Lob und Herrlichkeit und Ehre in der Offenbarung Jesu Christi.

1. PETRUS 1,6.7

Wie wir gestern gesehen haben, sind Tiefpunkte nichts Ungewöhnliches im Leben eines Christen. Manchmal sind diese Augenblicke ganz besonders hart. Das Leid kommt aus unterschiedlichen Richtungen und in unterschiedlichem Ausmaß.

Die obigen Verse schrieb Petrus sowohl an Juden als auch an Heiden, die außerhalb ihres Heimatlandes lebten, in der heutigen Türkei. Wahrscheinlich zwang sie die Verfolgung in die Zerstreuung. Im Jahre 62 n. Chr. verschärfte der römische Kaiser Nero seine Christenverfolgung, sodass auch die körperlichen Leiden immer heftiger wurden. Manche Christen wurden wilden Tieren vorgeworfen, und andere wurden als Fackeln verbrannt, die nachts leuchteten. Christen fürchteten um ihr Leben und entflohen in andere Länder.

Die meisten von uns werden wohl nicht unter so schwerer Verfolgung leiden. Aber kein Christ lebt, ohne früher oder später Versuchungen zu erdulden. Wir alle werden irgendwann zwischen jetzt und dem Zeitpunkt, wenn wir den Herrn von Angesicht zu Angesicht sehen werden, für „eine kurze Zeit" durch mancherlei Versuchungen betrübt sein. Diese können von Umständen herrühren, die außerhalb unserer Kontrolle liegen. Petrus ermuntert uns, indem er uns an die zeitliche Begrenztheit solcher Versuchungen erinnert, räumt aber auch ein, dass sie Anlass zur Betrübnis sein werden.

Wie sollten wir darauf reagieren? Frohlocken – nicht *wegen* der Versuchungen, aber doch *während* sie in vollem Gang sind. Warum? Wegen ihres Endes. Petrus fährt fort: „... damit die Bewährung eures Glaubens, viel kostbarer als die des Goldes, das vergeht, aber durch Feuer erprobt wird, befunden werde zu Lob und Herrlichkeit und Ehre in der Offenbarung Jesu Christi."

Dieser Vers beschreibt einen Goldschmied, der Gold in einen Tiegel tat, es großer Hitze aussetzte und die ganze Masse zum Schmelzen brachte.

Was unrein war, kam an die Oberfläche und wurde abgeschöpft, sodass der Metallarbeiter, wenn er in der Oberfläche des flüssigen Goldes sein Spiegelbild sah, wusste, dass es sich bei dem, was übrig geblieben war, um reines Gold handelte. So ähnlich verhält es sich, wenn unser Glaube auf die Probe gestellt wird und wir angemessen darauf reagieren, indem eben dieser Glaube des Lobes, der Herrlichkeit und der Ehre wert geachtet wird bei der Offenbarung Christi. Dann wird es ewigen Lohn geben, wenn wir Christus von Angesicht zu Angesicht sehen werden.

Zur Illustration: Eine Frau, die schweres Leid erdulden musste, fragte ihren Pastor: „Wann komme ich denn aus all diesen Schwierigkeiten heraus?" Seine weise Antwort lautete: „Sie hätten fragen sollen: *Was* werde ich aus all diesen Schwierigkeiten herausbekommen?"

Zum Nachdenken: Leid ist zu erwarten und vorübergehend. Wenn wir angemessen damit umgehen, ist uns ein ewiger Lohn verheißen.

Zum Beten: Danke Gott jetzt für schwere Augenblicke, die du schon durchgemacht hast. Bekenne jede falsche Haltung als Sünde und bitte Ihn, dir zu vergeben. Bitte Ihn dann um seine Hilfe, um in geeigneter, biblischer Weise mit Mühsal umzugehen.

28

LIEBE NICHT DIESE WELT; DU GEHÖRST DOCH ZU EINER ANDEREN!

Liebt nicht die Welt noch was in der Welt ist. Wenn jemand die Welt liebt, so ist die Liebe des Vaters nicht in ihm; denn alles, was in der Welt ist, die Lust des Fleisches und die Lust der Augen und der Hochmut des Lebens, ist nicht von dem Vater, sondern ist von der Welt. Und die Welt vergeht und ihre Lust; wer aber den Willen Gottes tut, bleibt in Ewigkeit.

1. JOHANNES 2,15–17

In dem Augenblick, als du zu Christus kamst, änderte sich deine Heimatanschrift. Die Bibel sagt: „Denn unser Bürgertum ist in den Himmeln, von woher wir auch den Herrn Jesus Christus als Heiland erwarten ..." (Philipper 3,20). Was diese Welt angeht, bedenke, dass wir hier nur Durchreisende sind.

Da diese Welt nicht unser künftiges Zuhause ist, sollten wir nicht emotionell an ihr hängen. Das hatte Gott vor Augen, als Er sagte: „Liebt nicht die Welt noch was in ihr ist." *Liebe* vermittelt die Vorstellung davon, etwas besonders gern zu haben. Wir sollten aber keinesfalls die Welt und was sie beinhaltet mögen.

Untersuche einmal, was die Ermahnung Gottes bedeutet: „Wenn jemand die Welt liebt, so ist die Liebe des Vaters nicht in ihm.“ Diese Aussage bedeutet nicht, dass jemand, der die Welt liebt, kein Christ sei. Sie bedeutet ganz einfach, dass solch ein Mensch nicht zulässt, dass die Liebe Gottes in seinem oder ihrem Leben einen beherrschenden Einfluss hat.

Warum will Gott, dass wir nicht die Welt lieben? Weil das Wesen der Welt uns geistlich schaden und nicht helfen wird. „Lust des Fleisches“ bezieht sich auf unsere sündhaften Begierden, die uns zu Sünden wie Unsittlichkeit treiben. „Lust der Augen“ bezieht sich auf das, was uns Satan vorstellt und was zu Bestrebungen führt, die uns in unserem Wandel mit Christus schaden, indem sie uns begierig und materialistisch machen. „Hochmut des Lebens“ bedeutet, darauf stolz zu sein, wer wir sind und was wir in der gegenwärtigen Welt haben.

Alles, was zu dieser Welt gehört, wird vergehen. Geld und Berühmtheit dauern nicht ewig. Als Christen gehören wir dem an, was bleibt – nicht dem, was vergeht. Wir sollten das wertschätzen, was ewig bleibt – enge Gemeinschaft mit Gott.

Genieße alles, was Gott dir gibt, und gebrauche es auf eine Weise, die Ihn ehrt. Aber hänge nicht an dieser Welt. Die zukünftige Welt ist dein Zuhause – nicht diese hier.

Zur Illustration: Ein deutscher Emigrant und seine Familie hörten so viele Geschichten über Amerika, dass sie den Eindruck hatten, das Land schon gut zu kennen. Der Auswanderer liebte das Land, das er noch nie gesehen hatte, so sehr, dass seine Mutter sagte, als er nach Amerika abreiste: „Du fährst nach Hause, und ich bleibe in einem fremden Land."

Zum Nachdenken: Himmelsbürger sollten den Platz gern haben, wo sie in Ewigkeit sein werden – nicht den, wo sie nur vorübergehend leben.

Zum Beten: Bitte Gott, dir zu helfen, Ihn zur Quelle deiner Zuneigungen zu machen und nicht an weltlichen Attraktionen zu hängen, die deinem geistlichen Wachstum im Weg stehen.

29

VERLIERE NICHT DEN KONTAKT ZU NICHTCHRISTEN – ABER SEI VORSICHTIG!

Und es geschah, als er in dem Haus zu Tisch lag, siehe, da kamen viele Zöllner und Sünder und lagen zu Tisch mit Jesus und seinen Jüngern. Und als die Pharisäer es sahen, sprachen sie zu seinen Jüngern: Warum isst euer Lehrer mit den Zöllnern und Sündern? Als er es aber hörte, sprach er: Nicht die Starken brauchen einen Arzt, sondern die Kranken.

MATTHÄUS 9,10–12

Wahrscheinlich hat jemand, der für dich sorgt, seinen Anteil daran gehabt, dass du zu Christus gekommen bist. Gott möchte, dass du das bist, was Jesus Christus war – ein Freund von Sündern –, indem du Zeit mit Nichtchristen verbringst, damit auch sie zum Heiland kommen.

Im obigen Text ist von „vielen Zöllnern und Sündern“ die Rede. Zöllner waren verachtet, weil sie den Leuten zu viele Steuern abknöpften und den Überschuss für sich behielten. Sünder waren verachtet, weil es ihnen an moralischer Reinheit mangelte und weil sie ein verkümmertes Leben führten.

Die Partei der Religiösen, bekannt als Pharisäer, fand es daher unangebracht, dass ein „Lehrer" des Wortes Gottes mit solchen aß, die die Pharisäer für eine unreine Klasse von Menschen hielten. Christus hatte da eine ganz einfache Erklärung: Die Gesunden brauchen keinen Arzt, aber die Kranken wohl. Zöllner und Sünder kamen oft zu Christus, weil sie spürten, wie sehr sie Ihn brauchten. Auch die Pharisäer brauchten Ihn, aber ihr geistlicher Stolz hielt sie davon ab, ihre Sünden zuzugeben.

Gott möchte gern, dass du als Neuling im Christsein mit Gläubigen Kontakt hast, sodass ihr euch gegenseitig ermuntern könnt; aber lass deine nichtchristlichen Freunde nicht einfach stehen. Verbringe Zeit mit ihnen, sodass auch sie Ihn kennen lernen.

Noch eine Mahnung zur Vorsicht: Wenn du im Umgang mit Ungläubigen den Eindruck hast, dir rutscht geistlich der Boden unter den Füßen weg, tu das, was nötig ist, damit so etwas nicht geschieht. Bedenke: Jesus Christus hatte Einfluss auf Sünder, aber die Sünder nicht auf Ihn.

Zur Illustration: Bobby Richardson war ein Christ, der sich große Sorgen um seinen Freund und Baseball-Mannschaftskameraden Mickey Mantle machte. Mickey spielte hart, und bei Partys ging er noch härter zur Sache. Nie machte Mickey den Eindruck, Christus zu brauchen, bis ihn schließlich im Juni 1995 die Ärzte davon in Kenntnis setzten, dass der Krebs seine Leber zerfressen hatte. Nun war ihm klar, dass er den Tod vor Augen hatte. Nicht nur, dass Mickey Bobby bat, für ihn zu beten; seine Familie bat Bobby auch darum, ihn zu besuchen. Als Bobby in Mickeys Krankenhauszimmer kam und auf Mickeys Bett zuging, sagte Mickey zu Bobby (worauf der schon lange gewartet hatte): „Bobby, ich will dir schon lange sagen, dass ich Jesus Christus als meinen Heiland angenommen habe." Bobby hatte Tränen in den Augen, als er sich bewusst wurde, dass der Mann, der schon sein Leben lang sein Freund war, es nun auch in Ewigkeit sein würde.

Zum Nachdenken: In deinen Beziehungen zu Nichtchristen möchte Gott, dass du ihr Freund bist, damit du sie auch mit deinem Freund bekannt machen kannst.

Zum Beten: Bitte Gott um zwei Arten von Beziehungen – eine enge Beziehung zu Gläubigen, die dir geistliche Anregungen geben, und Kontakte zu Ungläubigen, denen du den Heiland vorstellen kannst.

30

WENN DU DAS EVANGELIUM ERKLÄRST, TU ES KLAR UND DEUTLICH!

Denn durch die Gnade seid ihr errettet, mittels des Glaubens; und das nicht aus euch, Gottes Gabe ist es; nicht aus Werken, damit niemand sich rühme.

EPHESER 2,8.9

Frage doch einmal deine Freunde: „Was musst du tun, um in den Himmel zu kommen?“ Für gewöhnlich werden sie Dinge nennen wie zur Kirche gehen, ein gutes Leben führen, die Gebote halten, zum Abendmahl gehen oder getauft werden. Wenn sie so etwas antworten, dann wissen sie noch nichts von der Botschaft, dass das ewige Leben umsonst zu haben ist. Wenn du also mit anderen über Christus redest, ist es absolut entscheidend, dass du ihnen das Evangelium *klar und deutlich* vorstellst.

Gnade bedeutet Gunst, die wir nicht verdienen. Als Sünder verdienen wir Gottes Freundlichkeit nicht. Wir verdienen nur, für ewig von Ihm getrennt zu sein, und zwar in dem, was die Bibel „Hölle“ nennt. Aber Gott erweist uns eine unverdiente Gunst. Er bestrafte seinen vollkommenen

Sohn, Jesus Christus, und hätte doch eigentlich uns bestrafen müssen. Christus starb als unser *Stellvertreter*. Mit seiner Auferstehung am dritten Tag bewies Er jedem, dass Er die Sünde und das Grab besiegt hatte. Wie werden wir also errettet? Paulus erinnert die Epheser: „Denn durch die Gnade seid ihr errettet, mittels des Glaubens." *Glaube* bedeutet Vertrauen haben oder sich verlassen auf. Als Sünder, die es verdienen, für ewig von Gott getrennt zu sein, müssen wir anerkennen, dass Jesus Christus an unserer Stelle starb und wieder auferstand, und unser Vertrauen auf Christus allein als alleinigen Weg zum Himmel setzen. Der obige Vers erklärt: „Gottes Gabe ist es; nicht aus Werken, damit niemand sich rühme."

Wenn wir durch etwas in den Himmel kommen könnten, das wir getan haben, könnten wir prahlen: „Ha, ich hab's geschafft!" Aber Gott tat alles, was für unsere Errettung nötig war; und es ist seine Gabe. Deshalb sollten wir uns dessen „rühmen", was Christus am Kreuz tat, nicht dessen, was wir getan haben.

Wenn du also deinen Freunden sagst, wie sehr sie Christus brauchen, erkläre ihnen: 1. dass wir Sünder sind; 2. dass Christus gestorben und wieder auferstanden ist und dass 3. das ewige Leben ein freies Geschenk ist, das wir bekommen, wenn wir Christus als unserem alleinigen Retter vertrauen. Um deinen Freunden eine Hilfe im Blick auf die Ewigkeit zu sein, wenn du ihnen das Evangelium bringst, musst du sicher sein, es klar und deutlich vorzustellen.

Zur Illustration: John Newton schrieb das Lied „Amazing Grace", das bei religiösen und bei weltlichen Veranstaltungen gern gesungen wird. Als er älter wurde, verlor er allmählich sein Gedächtnis. Einmal sagte er: „Mein Gedächtnis ist fast weg, aber an zwei Dinge erinnere ich mich – dass ich ein großer Sünder bin und dass Christus ein großer Heiland ist." Die klare Botschaft, die alle unsere Freunde hören müssen, lautet ganz *einfach*: Wir sind große Sünder, aber Christus ist ein großer Heiland. Nur im Glauben an Christus können wir sein Geschenk des ewigen Lebens empfangen.

Zum Nachdenken: Das Evangelium deutlich zu sagen, hilft Menschen, die Sünde von ihrer schlechtesten Seite zu sehen und die Liebe Gottes von ihrer besten Seite kennen zu lernen.

Zum Beten: Bitte Gott, dir zu helfen, konsequent nach Gelegenheiten zu suchen, das Evangelium weiterzusagen. Bete, dass wenn Er diese Gelegenheiten schenkt, Er dir dabei hilft, das Evangelium deutlich vorzustellen.

31

DIE ERRETTUNG IST DER ANFANGSPUNKT, KEIN HALTEPUNKT

Wachst aber in der Gnade und Erkenntnis unseres Herrn und Heilandes Jesus Christus. Ihm sei die Herrlichkeit, sowohl jetzt als auch auf den Tag der Ewigkeit! Amen.

2. PETRUS 3,18

Du bist zu dem Einzigen gekommen, der das Geschenk des ewigen Lebens geben kann. Allerdings will Gott nicht nur, dass du einfach Christ *bist*. Er will, dass du als Christ *wächst*. Ganz richtig! Die Errettung sollte der Anfangspunkt sein, nicht der Haltepunkt.

Das *Wachsen* im oben stehenden Vers lässt an ein „ständiges Heranwachsen" denken. Wachstum sollte ein nie endender Prozess sein. Niemals solltest du geistlich in Stillstand geraten. Und welche Richtung sollte dein Wachstum nehmen? Petrus sagt: „Wachst aber in der Gnade und Erkenntnis unseres Herrn und Heilandes Jesus Christus." Wie wir gestern schon festgestellt haben, ist *Gnade* eine Gunst, die wir nie verdient hatten. *Erkenntnis* bedeutet ein besseres Verständnis davon, wer Jesus

Christus ist. Gott möchte, dass wir die unverdienten Freundlichkeiten immer besser kennen lernen, die Er uns erweist, und Er möchte, dass wir ein immer tieferes Verständnis davon erlangen, wer Christus ist. Ebenso wie in einer zwischenmenschlichen Beziehung wirst du beim Lernen und Wachsen deinen neu gefundenen Heiland in einem Monat besser kennen als heute. Tatsächlich wird dich das Wachstum als Christ davor bewahren, von der Wahrheit des Wortes Gottes weggeleitet zu werden. Im Leben als Christ wirst du geistlich vorwärts getrieben, und nicht rückwärts.

Und wie wächst du? Du bist gerade mit dieser 31-tägigen Andacht fertig geworden. Lies nun den Philipperbrief, eines der einfachsten Bücher des Neuen Testaments, indem du dir jeden Tag ein Kapitel vornimmst und dir eine Wahrheit heraussuchst, über die du den ganzen Tag lang nachdenkst. Der Philipperbrief hat vier Kapitel. Fange also am 5. Tag wieder mit Kapitel 1 an. Bleibe einen Monat lang bei diesem Buch. Beim zweiten Durchlesen wirst du Dinge entdecken, die du beim ersten Mal noch nicht gesehen hast; und beim vierten Durchlesen wirst du Dinge entdecken, die dir beim dritten noch nicht aufgefallen sind. Wenn du dann mit dem Studium des Philipperbriefs durch bist, arbeite dich nach und nach durch das ganze Neue Testament, indem du täglich ein Kapitel durchliest und ein Bibelbuch im Monat. Wenn du unter Gebet anwendest, was du gelernt hast, wirst du nie aufhören, geistlich zu wachsen. Dein Leben wird von geistlicher Frische gekennzeichnet sein, und nicht von geistlichem Stillstand.

Zur Illustration: In seinem Buch *The Fisherman and His Friends* (Der Fischer und seine Freunde) berichtet Louis Albert Banks von einem Mann, der nahe am Ufer des Oberen Sees an einer Pinie vorbeikam, die von einem heftigen Sturm umgeweht worden war. Aus einer genaueren Untersuchung des Baumes ergab sich, dass er 250 Jahre alt war. Eins beeindruckte ihn jedoch ganz besonders, als er die Rinde abschälte: Offensichtlich wuchs der Baum sogar noch an dem Tag, als er fiel! Hoffentlich lernst und wächst auch du so, dass du auch an dem Tag noch wächst, wenn dein Erdenleben zu Ende geht.

Zum Nachdenken: Eins von den Dingen, die ein Christ am meisten nötig hat, ist, dass er Christus immer besser kennen lernt.

Zum Beten: Danke Gott für die 31 Wahrheiten, die du aus diesem Andachtsbuch gelernt hast. Bitte Ihn, dein persönliches Bibelstudium dazu dienen zu lassen, dass du jeden Tag eine Wahrheit lernst, die sich von diesem Tag an auf deinen Lebensstil auswirkt.

EMPFEHLUNG

304.999

Ger de Koning

BIBELKOMMENTAR

17 Klappenbroschüren im Schuber

€ 120,00